興大人物史料彙編（三）

蔡宗憲 編注

國立中興大學出版中心

序

　　長期以來，中興大學致力於校史的保存與書寫，民國79年（1990）出版了第一本校史《興大七十年》，其後，幾乎每隔十年就編纂新的校史，計有《興大八十年校史稿》、《興大實錄：國立中興大學九十週年校史（1919-2009）》、《興大百年風華錄》。對於校史機構的設立與完善，也迭有進展，民國89年（2000），在行政大樓成立了校史室，民國98年（2009），斥資數百萬，在惠蓀堂一樓裝修了長廊式的校史館展廳，如今，本校又推動了校史館新建工程。期許未來，以新校史館為平台，興大的校史內涵能有更多元化的展示。

　　民國50年（1961），本校從省立農學院升格為省立中興大學時，係合併台中的農學院與台北的省立法商學院，同時增設理工學院而成立。中興法商學院雖然遠在台北，但培育眾多英才，久負盛名。惜自民國89年，法商學院獨立，並改制為國立台北大學。世事多變，孰能料到，二十餘年後，本校又增加了兩個新校區。民國111年（2022），循環經濟研究學院入駐南投校區，今年（2023），復興校區公告招商，將闢建智慧醫療園區。越過百年，興大確然走入了新的世紀！這段歷程，投入多少人的心力，承載了多少人的記憶，創造中的歷史，未來肯定是興大光彩燦爛的一頁。

　　要書寫歷史，必須得有史料。檔案文書，目前已有分級的制度，其保存與管理較為周全，至於人物傳記資料，散存於自傳、訃聞、報刊、口述訪談、紀念文集、履歷文件等，蒐集不易。國史館即曾長期（1988-2014）編纂民國人物傳記史料彙編，成書37輯。欣見本校在上述的校史專書之外，也能關注人物資料的蒐集，為校史保存更鮮活的人文群像。最後，藉由《興大人物史料彙編（三）》的出版，既向先賢們致敬，也期盼能為正在締造興大歷史者獻上熱情的鼓舞。

國立中興大學校長

詹富智

目次
CONTENTS

興大人物
史料彙編

Historical
Figures of
NCHU:
A Compilation of
Biographical Data

（三）

引　言

　　《興大人物史料彙編》如期來到第三輯，在前兩輯的基礎上，本輯大致確立了收錄與排版的模式，編輯過程相對地平順許多。

　　本次收錄傳主18人，其中周進三、林一民、王志鵠與林致平四人曾擔任過校長。讀者或許會問，《興大人物史料彙編》收錄的標準為何？是否有優先順序？在此略作說明。

　　首先，彙編收錄的對象為曾任職於興大的教職員，其中以教師（含校長）較多，他們的人生閱歷，及在教學、研究與行政等方面的成就，皆是我們關注的焦點。也有幾位職員入選，主要是因為他們在職期間，對於學校有特殊的貢獻，如石騰芳，擔任勞作指導組主任，徵召工讀生，開鑿了中興湖；賀主伯，任職於林管處，培植了黑森林；黃天久，擔任保管組組長，長期蒐集資料，撰寫校史，找回遺失的校名牌。

　　其次，關於選錄的先後問題。民國110年初，校史館獲捐一批訃聞資料後，才開始進行人物史料的蒐集。人物史料相當零散，蒐集工作並不容易，有時必須主動聯繫傳主的家屬才能找到資料，其中還存在許多不確定性。例如，周進三是省立農學院首任校長，理應盡早收錄，然而，前兩年收集的資料略顯單薄，直到今年，因發現《省立農學院第二屆畢業紀念冊》（民國40年）中的相片，再補上文書組提供的檔案資料，這才得以收入彙編（三）。又如，因為楊垣進寫了魯實先授課的情景，我們想進一步請教他，豈料他剛好在不久前去世，結果反而是從家屬手中取得他的生平傳略，遂與魯實先一同收入彙編（二）。此外，本館也擬收錄幾位日籍教師，但涉及翻譯問題，目前尚待處理。因此，彙編收錄的人物，其刊布的先後，係依史料蒐集、整理的情形而定。

　　本書延續前兩輯的理路，仍費心著墨於師生關係的連結。昆蟲系江瑞湖教授的生平事略，藉由她的門生劉玉章與侯豐男的回憶而得以生動重現。高希均述說因為王志鵠院長的贈書獎勵，促成了自己日後美好的姻緣。賀主伯年輕時護送森林系李達才教授家眷來台，自己也因此在台就學安家，感念之餘，親自撰寫了李教授的簡歷與事功。其他如陳鴻烈登門訪問水保系退休的周恆教授、歐辰雄與呂金誠撰文向森林系屆齡退休的林子玉教授致敬、林見昌感念數學系郭鏡冰教授、侯豐男追悼昆蟲系關崇智教授，均在行文中流露出令人動容的師生之情。

　　在資料取得方面，除了上述周進三校長的傳略得益於文書組提供的檔案，林一民與林致平兩位校長，則有相關的剪報資料。其次，閻若珉是孫守恭的姊夫，有關閻教授的部分訊息與相片，乃透過孫教授之子孫維廉先生協助取得，謹此致謝。再者，周恆教授的《八五憶往》為作者自行出版，流通量少，借閱不易，因此，本輯擇要摘錄，以概見其生平。此外，組員黃春惠小姐是今年加入本輯的生力軍，她在蒐集資料與相片人物辨識上，表現優異，貢獻良多，藉此聊表謝忱！

　　最後，本輯在書末附錄中製作了彙編（一）、（二）的人物檢索，方便讀者查詢。另對前兩輯做了校勘，庶幾能彌補一些疏失。

尹樹生（1909-1999）

尹樹生，時為農經系教授。

資料來源：《省立農學院第十屆畢業生紀念冊》

（民國48年）

尹樹生先生行誼 隋玠夫[1]

民前03.11.13（農曆）— 民國88.03.?

尹教授，諱樹生，字合三，世居山東省日照縣（現為日照市）夾倉鎮，生於民國紀元前三年農曆十一月十三日吉時。日照縣面臨黃海，地當南北要衝，人文薈萃，貿易輻輳。尹氏為膠東望族，俊彥輩出。先生自幼濡染家學，見聞宏雅，髫齡就學，聰悟軼倫。夙受傳統文化及鄉前輩革命先進之薰陶，嚮往革命之熱忱無時或

已。民國十五年秋，先生於山東省立第一中學畢業，投考本黨最高學府中央黨務學校，在學一年，對我國合作先輩王世穎先生講授之合作事業頗感興趣，[2]自是矢志出國深造。

民國十六年初，先生於黨校畢業後時值國民政府定都南京，黨校畢業校友除一部分留校協辦第二期招考訓導事務外，大都隨軍北上協辦省市地方黨務訓導工作。先生歷任日照縣立中學校長、山東省黨部民眾訓練部黨訓班主任及青島市黨部常務委員等要職。先生因志在農經而用非所習，決定出國進修。

民國廿三年秋，先生前赴日本考取仙台東北帝國大學法文學部，以農業合作事業為主修課程。在學期間，課餘蒐集世界各國合作運動發展資料，撰為專輯，自留參研或分享同好。先生在仙台東北帝大研讀三年，於民國廿六年修業期滿，獲得經濟學學士。返國後，先是任教於山東省立醫學專科學校，對日抗戰初期，一度在國共合辦之衡陽游擊幹部訓練班擔任中校教官，講授政情研究課程。因用非所學，決定轉業農業合作本行。

民國廿八年五月，經濟部成立合作事業管理局，前中央政校合作學院院長壽勉成先生任局長。翌年十二月，原屬經濟部之合作事業管理局改隸

社會部，先生奉調該局任職。初任該局視察，嗣調該局科長。因工作表現傑出，頗得壽局長之期許。在職二年，時值陝西省建設廳合作事管理處成立不久（翌年十二月改隸省政府），先生曆奉令派擔任該處處長職務，其間一度奉調中央訓練團黨政高級班受訓。省合管處成立伊始，百凡待興。先生本其專業學養，在職四年，建樹頗多。諸如建立行政體制，培育合作人才，推展合作組織，發展合作事業，創設合作物品供銷處、合作會館、合作食堂等重要措施，深為社會各界及主管當局所嘉許。

　　民國卅二年春，先生奉調重慶復興關中央訓練團高級班受訓六個月，結訓後回任原職。民國三十四年八月對日抗戰勝利後，次年先生奉派北上擔任東北行轅經濟處長，蓋籌碩劃，卓著勛勞。三十五年十一月，中央合作金庫在南京成立。原社會部合作管理局局長壽勉成調任央庫總經理，先生於三十七年春奉召返京，擔任總庫秘書長兼理輔導處業務。旋總庫設置

尹樹生與省立農學院農經系畢業生合照，後排左三為余玉賢，前排右一為李冀生。（1957）
資料來源：《余玉賢先生紀念集》(3)

「會計及業務人員訓練班」，招考新進及調訓在職人員，施以兩個月訓練，結業後由總庫分發工作。先生奉派兼任該班秘書，秉承班主任綜理班務。三十八年秋，總庫南遷廣州，先生乃攜眷來臺，暫寓臺中。

先生來臺後任教中興大學農經系，民國四十二年秋，台灣省合作事業協會建請省立地方行政專科學校增設合作科（今國立中興大學合經系前身），培育高級合作人才。案經該校層奉核准，同年八月招考新生開班授課，先生應聘擔任該科主任。民國四十三年，應臺灣省府商調，接任省合管處處長。此外，為業務需要，代表省府當選省合作金庫常務理事，並膺選中國合作事業協會暨中國合作學社常務理事、台灣省合作協會常務監事等之職位。之後私立逢甲大學、淡江大學及中國文化大學經濟研究所相繼成立合作經濟系及合作經濟碩士班，均約聘先生為合作學講座，先生面對萬千青年學子，質疑問難，從無倦容，一代宗師，先生當之而無愧。

先生文思敏捷，譯著甚勤，公餘課暇，以著書立說為消遣。計已出版問世者有《世界合作運動》、(4)《合作經濟概論》、《農業經濟學》、《各國合作事業》、《各國合作制度》及《合作事業教程》等專著。至於其他散見於期刊學報之論文，研究報告等更不勝枚舉。其著述精神，令人欽敬。

先生來臺在合管處長任內，因專兼任職務及業務聯繫上之需要，經常有應邀出國參訪國際性集會及組團出國參加考察，行蹤遍五洲，歷經三十餘國及地區。海峽兩岸開放旅遊探親、文化交流後，先生三次赴大陸探親旅遊，足跡遍全國。著有《大陸旅遊瑣記》一冊在付梓中。

膠東在鄉俗早婚，先生長子世久，德配所生，服務桑梓，事業有成，現籍四川省綿竹縣。繼室隋質君夫人為資深國小教師，懿淑端莊，夙著賢聲，所育次子世長、長女燕、次女魯，均在國內外大學畢業，分別僑居美、加。學術事業，各有所成，一門俊彥，蘭桂齊芳。先生偕夫人於民國八十四年初返大陸依親，由長子世久安排，定居綿竹，夫人不幸於同年九月仙逝。先生健康情形一向良好，方冀期頤在望，同慶嵩壽，詎料噩耗傳來，一代學人，遽歸道山，緬懷風範，毋任景仰，哀悼之餘，謹述行誼，敬表追思。

國立中興大學合作經濟學系

中國合作學社　　　　　　　　　　謹述

國立中興大學合作經濟學系系友會

註：

　　一、本文由中國合作學社常務理事隋玠夫先生
執筆。

　　二、尹樹生教授的追思會已於民國八十八年三
月二十日上午假臺北市南昌街十普寺設靈行禮，尹
教授生前故舊門生，前來參加追思會的有合作學社
理監事、中興大學合經系師生及畢業系友、逢甲大
學合經系教師同仁、中國文化大學經濟研究所合作
經濟組畢業校友等。過程肅穆隆重，追念故人的遺
風餘思，倍極哀榮。（〔孫〕炳焱）

孫炳焱，時為企業管理學系兼任教授。

資料來源：《省立中興大學民國57年畢業紀念冊》

錄自《合作經濟》第61期(5)

⊕　註　解

(1) 隋玠夫（1905-2002），中國合作學社常務理事。

(2) 王世穎，字新甫，福建閩侯人。復旦大學畢業，早年從事文學創作，後棄文從政，從事資產階級改良主義的
合作運動，並在上海法政大學等處任教。1928年，和陳果夫發起組織中國合作學社。1937年，任浙江大學校
部秘書長，曾任國民黨社會部合作司司長、國民政府合作事業管理局局長。

(3) 《余玉賢先生紀念集》（台北：余玉賢先生紀念文集編輯委員會，1994）。

(4) 尹樹生編，《世界合作運動史》（上海：中華書局，1940），2013年，北京瀚文典藏文化公司據民國30年
（1941）該書三版複印發行。

(5) 《合作經濟》，第61期，1999.6，頁36-37。

其人雖已沒　千載有餘情(6)

鄭玟 (7)

　　尹樹生教授是山東日照縣人，家中務農。和縣內青年一樣從小離鄉背井求學，大學畢業之後，曾回縣內擔任中學校長，其後有感知識的重要，乃放棄了令人稱羨的工作，負笈日本帝國大學深造。

　　尹樹生教授體會家鄉中務農的人們，收入太少，生活太苦，「如何改善農村經濟」正是他矢志不移研究的專題。其後，他發現日本的農業合作組織，對於改進農業生產，提高農民收益，發生很大的效用，造就他日後熱心於合作制度的主因。除不斷接觸日本的若干合作學者之外，還經常到農村中去觀察農民合作組織營運的情形。帝國大學的畢業論文就是以合作制度的形成與演變為題。尹教授曾說：從這個時期開始，他與合作事業的緣份，竟是「一路走來，始終如一」，甚至協助中國西北合作發展。

　　尹教授學成返國後，先在山東某專科學校講授農業合作課程。不久，日本侵華七七事變發生，國難當前，豈容坐視不管，遂參加敵對游擊戰，時逾兩年，才轉到了戰時的首都重慶，並進入社會部合作事業管理局充任科長。這個管理局是負責推動並指導全國合作事業，他算是回到了本行。期間，曾奉派後方西北寧夏、甘肅、青海等省，考察並協助合作組織發展，合作事業在偏遠省份也生了根。

　　民國二十九年，經由合作事業管理局的推薦，尹教授派為陝西省合作事業管理處的處長，使他有了發揮抱負的良好機會。任期四年，除主持合作行政工作外，還在武功農學院講授農業合作，加強知識青年對合作事業的認識。

　　離開陝西回到重慶，充任由全國各省調集合作人員訓練所專任教師，對於這個工作尹教授感到十分愉快，他可以將合作制度的要義很詳盡的向全國有志於合作事業的青年加以說明，藉以增進他們對於合作事業的瞭解，並堅定他們的信心。

抗戰勝利後，尹教授進入中央合作金庫工作。雖然由合作行政、合作教育走向合作金融，仍未脫離合作事業陣營。

民國卅八年，大陸淪陷，尹教授由廣州來到台灣。受聘為省立台中農學院的教授（中興大學農學院的前身），講授農業合作、農業金融、農業經濟學等課程。臺中農學院初期畢業的同學，都曾是其門下。如高希均(8)、余玉賢(9)等，畢業論文都是尹教授指導的。

在臺中農學院任教五年後，接受聯合國資助，到美國及加拿大考察農業合作一年。隨後，臺北省立行政專科學校請他創辦合作科（中興大學法商學院的前身）。同時兼任了台灣省合作事業管理處處長，這是推動並監督全省各種合作組織的行政機關。尹教授這時可以說將合作事業學術實務互為輝映，工作十分繁忙，但是仍每週到臺中農學院兼課，一直持續了十年之久。

中興大學農學院農經研究所初成立時，尹教授曾講授了比較合作制度，徐育珠就是他的及門弟子。

臺灣合作事業的推動與發展有許多困難，例如若干陳舊法令的束縛，各機關門戶之見的壁壘等，尹教授對於合作行政工作有心無力，他在五十七歲那年（合作事業管理處長十年之後），辭職未能獲准，乃決定退休。

高希均，民國47年（1958）農經系畢業
此為他在台大教書時（1977年）留影。
資料來源：《中興大學名譽博士特刊》(10)

余玉賢，農業經濟系畢業。
資料來源：《省立農學院第八屆畢業紀念冊》
　　　　　（民國46年）

徐育珠，農經系畢業。民國46年（1957）
農經所成立，曾擔任助教。
資料來源：《省立農學院第五屆畢業紀念冊》
　　　　　（民國43年）

尹樹生，合作學系教授兼系主任。

資料來源：《省立中興大學民國59年畢業紀念冊》

　　退休後，將全部時間奉獻合作教育。除擔任中興大學合作學系的專任教授兼系主任外，並接受逢甲工商學院的邀請創辦「合作學系」。完成臺灣三所大學有兩所大學「合作學系」，均是尹教授創辦的紀錄。（淡江文理學院的合作學系，雖然不是尹教授直接創辦，在中興大學休假期間，亦充任了一年的系主任。）

　　這三所大學：逢甲大學、中興大學、淡江大學的「合作學系」，經由尹教授的折衝，都已改稱為「合作經濟學系」。因此，臺灣從事合作經濟研究的青年，幾乎無人不是尹教授的徒子徒孫！這些學生，不但求學期間，視尹教授為最受敬愛的老師，在其講述中，得到清晰富層次的合作智識；離開學校，也都經常保持聯繫，請教問題。他視學生如同子弟，無論就學、求職、擇友、處世，甚至有關婚配的事，都以智慧與經驗，提出寶貴的意見。

　　數十年來，數不清為同學證婚多少次，他開玩笑說，男婚女嫁，也是人類「合作」方式之一。他的學生都能領悟「合作」之道，各個家庭生活美滿、夫妻琴瑟和鳴。

　　早期在臺灣，任何地方的合作社，只要談起尹教授，無人不知，無人

不敬。因為，尹教授擔任合作事業管理處處長的十年中間，解決了每個合作社的困難，爭取了每個合作社的權益。

縱然，他離開人世五年，至今仍有人念念不忘。此外，一些即使不是尹教授的學生，不是尹教授的部屬，對合作事業有興趣的人們，因為讀過尹教授的著作，也仰慕追憶他。

尹教授印行的著作有：《農業經濟學》（三民書局）、《合作概論》（中華書局）、《各國合作制度》（正中書局）、《合作運動發展史論》（合作協會）等。此外，還有他翻譯的國勞局編著的《合作事業教程》（合作協會）。佛格（George Fauquet）著的《合作制庫論》（合作金庫）。柯恩（Ruth L. Cohen）著的《農業經濟學》（商務印書館）等。至於他在報章雜誌上發表的論文，更是不勝枚舉。

尹教授曾說過一個故事：某年，他到蘭嶼參觀，遇到一位教員，知道尹教授名字之後，十分親切，尹教授問他為何一見如故？他說，素未晤面，只因讀過尹教授寫的書。

此外，尹教授從事合作行政及合作教育期間，曾三度考察歐洲、美洲合作事業特別發達的國家，參加多次國際間合作事業有關的會議。國外知名的合作學者，也有多人與他經常保持聯繫。

「其人雖已沒，千載有餘情」，尹樹生教授於民國八十八年以八十九歲高齡在四川省綿竹縣自宅中「駕鶴西去」。如地下有知，看到他的子弟兵，將合作教育發揚光大，並創設「社會事業經營管理研究中心」，讓合作經濟學系這塊園地成為海峽兩岸「合作重鎮」，相信更能告慰他老人家在天之靈。

錄自《逢甲人》第147期(11)

註　解

(6) 原文標題前有「合經四十風華：系創系主任尹樹生」，作者原按：「本文參考生前知交口述、報章雜誌等相關紀錄撰寫而成。尹公樹生，八十八年元月在四川省綿竹縣自宅中壽終正寢，享年八十九歲。」

(7) 鄭玫，逢甲大學合作經濟系畢業，台灣大學國家發展研究所碩士，任職於逢甲大學多年，2019年曾獲臺中市政府身障模範勞工表揚。

(8) 高希均（1936-），民國47年（1958）畢業於臺灣省立農學院農業經濟系，後至美國留學，53年（1964）獲密西根州立大學博士學位。1980年代，創辦《天下雜誌》、《遠見雜誌》、天下文化出版公司，92年（2003）當選中興大學傑出校友，103年（2014）獲頒本校名譽管理學博士學位。

(9) 余玉賢（1934-1993），新竹人，民國46年（1957），畢業於台灣省立農學院經濟系，50年（1961），省立中興大學農業經濟研究所碩士畢業，56年（1967）獲得美國普渡大學博士學位。曾任台灣省政府農林廳廳長、國立嘉義農業專科學校校長。

(10)《中興大學名譽博士特刊》（台中：中興大學，2014），頁40。

(11)《逢甲人》，第147期，2004.12，頁34-37。

王志鵠（1906-1997）

王志鵠院長
資料來源：《省立農學院第六屆畢業紀念冊》
（民國44年）

王志鵠先生事略

民前06.10.24 — 民國86.09.02

　　先生諱志鵠，字思九，姓王氏，江蘇崇明人。崇明處江海之間，饒魚鹽之利，控江流之門戶，當海疆之衝突，開發甚早。顯考倫公，鑒西力東漸，明夷夏之分，冀維國本於不墜，首在農教，因以勉之。先生少承庭訓，繼志述事，一生行誼，實本於斯。

　　先生六歲啟蒙，十一歲入上海南洋中學，肄業三年，轉入南通大學農科附屬高職，十七歲畢業，直升南通大學農科，民國十六年畢業獲農學士學位。民國十七年夏，負笈東瀛，以江蘇省公費留學，進日本北海道帝國大學農學部，研究土壤微生物學，於三宅康次博士指導下，獲碩士學位。時寇焰高張，局勢日亟，先生激於民族大義，民國二十年，奉准轉往義大利，公費攻讀那坡里皇家農學院博士班。[1]民國二十三年九月畢業，榮獲農學博士學位。

　　先生學成返國後，應聘國立北平大學農學院化學系教授，傳授土壤及肥料學。是時國步維艱，先生克勤克儉，以博雅之才，宏揚農教，頗為系主任周建侯博士所賞識。

　　民國二十四年，與德配倪亞豪女士結褵於北平吉英西餐廳，委請北平大學農學院院長劉伯量教授福證。倪女士系出崇明名門，畢業於兩江體專，歷任教員，鴻案佐德，鶼鰈情深。

　　民國二十六年七月，抗戰軍興，政府建設西北為抗戰基地，先生因隨至西安，應聘國立西北聯合大學農業化學系教授，授課之餘，研究西北土壤地質，貢獻良多。民國二十七年八月，應聘國立西北農學院農業化學系教授，教學子重學行氣節，勉青年宜務實勵志，於國難中，樹青年典範。是以二十九年六月升任系主任，直至民國三十三年七月三十一日止。先生令譽四播，遂於同年八月，應聘國立同濟大學化學系教授兼訓導長。

　　抗戰勝利後，於民國三十五年八月，復返西北農學院任教，並兼任訓導主任，教學生正誼明道，素為學生所敬仰，曾與夫人合力化解西北農學院學潮。是時，先生更積極於學術研究，民國三十六年，著作〈荊峪溝土壤之性狀與水土保持關係〉，榮獲教育部學術審議委員會頒予三等獎。是年八月應聘國立中正大學教授，兼任農學院院長及訓導長。翌年，著作〈土壤微生物學上之新途徑〉，榮獲教育部學術審議委員會頒予二等獎。先生以學術報國，正乃學者典範。

　　民國三十八年五月，神州板蕩，兵荒馬亂，先生以無私無我之仁者胸懷，率領四十名流亡學生由南昌南下廣州，在先生的呵護照顧下，安抵台灣，作之親，作之師，先生之德，令其學生永銘難忘。

　　民國三十八年年底，神州陸沈，先生應聘台灣省政府農林處農會設計輔導委員會委員兼主任委員。以先生淵博的農學素養，及高瞻遠矚的眼光下，奠定了良好的農會組織，配合政府的土改措施，而能開創今日的經濟奇蹟，先生功成不居，未嘗炫耀於人。是年，復應聘兼任教育部特約編纂。

　　民國三十九年，先生奉台灣省政府教育廳令，派任省立宜蘭農業職業學校校長，復蒙蔣故總統經國先生延聘為國防部總政治部設計委員。是

年,曾榮獲省政府公務員獎勵。民國四十三年,應教育部聘任台灣省立台中農學院院長(國立中興大學前身),並榮獲教育部頒績優教師仁字獎狀一幀。

陳詩文,農經系畢業。
資料來源:《省立農學院第八屆畢業紀念冊》
　　　　　(民國46年)

邱茂英,農經系畢業。
資料來源:《省立農學院第八屆畢業紀念冊》
　　　　　(民國46年)

民國45年(1956),王志鵠校長偕妻兒與
學生陳詩文(左一)、邱茂英(右一),在住屋前合影。
資料來源:陳詩文先生提供(2)

王志鵠校長與植病系師生畢業合影

資料來源：《省立農學院第十屆畢業紀生念冊》（民國48年）

　　翌年，獲聘為教育部學術審議委員會委員；民國四十九年，蒙先總統　蔣公派任為公務人員高等考試典試委員。民國五十年，應省主席至柔先生聘為台灣省政府顧問。同年八月一日應聘為私立中國文化學院（私立中國文化大學前身）院長。民國五十六年八月，接受國防研究院令，兼任經濟研究所講座。先生學有本源，遂傾囊相授。

　　民國五十八年，先生於私立中國文化學院院長任內退休，隨即至中壢創辦南亞工商專科學校，先生以勤儉精誠四字為辦學原則，亦以此勉勵學子，平日嚴以律己，寬以待人，處事平和，又弘毅篤實，廉介磊落之風範，令全校師生敬仰。民國七十九年五月一日，於南亞工商專科學校校長任內榮退，獲聘為學校榮譽董事長。先生退休之際，慨然捐出全額退休金，作學生獎學金，人生境界，益臻高義，宜其年登大耄，望重學府。

　　惜乎歲月不居，催人易老，先生功在農教，將息無時，近年體氣日衰，不良於行，兼以倪夫人仙逝，傷病不已，致病情日重，八十六年九

二日下午四時十分，家人定省之際，安然溘逝於中壢壢新醫院。距生於民前六年十月二十四日，春秋九十有三。親朋師生聞之，莫不震悼。嗚呼！痛哉！

先生與德配倪亞豪女士結褵，育有三男三女，長子平，畢業於政治作戰學校。次子安，畢業於北伊利諾州立大學化學博士。三子昌，畢業於中原大學土木系。長女珍，畢業於銘傳商專。次女珠，肄業於政治大學。幼女鳳，畢業於中山醫專。均學有所成。長媳吳蘭，中國文化大學中文系畢業及師範大學國文研究所肄業。二媳林嘉倫，獲愛荷華大學統計碩士。三媳謝櫻櫻，畢業於實踐家專食品營養科。長孫男宇傑，獲加州州立大學富樂頓分校環工碩士，現於國立中央大學攻讀環工博士。長孫女冰玉，獲加州大學爾灣分校應用數學碩士，現於國立中央大學攻讀資訊工程博士。次孫女冰如，獲愛達荷州立大學英語教學碩士。三孫女凱儀，於美國進修。四孫女冰凝，就讀南亞工商專校。次孫男宇侯，於台北美國學校就讀。三孫男宇龍，就讀龍岡國民中學。四孫男宇星，就讀國小。先生可謂積德綿庥，門祚多福，一家並秀矣。

嗚呼！一代碩師，如先生之特立卓行者，實學有所本，亦德有所修也，而賢名夙業，功在農教，又克享大年，是誠乃杏壇楷模，俯仰無愧矣！

資料來源：〈王故校長志鵠先生事略〉（原件），貢中元先生提供

◇ 註 解

(1) 農學院通訊錄中作「義大利琊玻璃皇家農學院」，「琊玻璃」當為拿坡里（Napoli）的異譯。

(2) 原附說明：1956年，王校長志鵠偕夫人、公子與《大地》主編陳詩文（校長右側），現為加拿大東部校友會會長；學術編輯邱茂英（王夫人左側），曾任省農林廳廳長、行政院農委會主委。在王校長住屋前合影。

悼至友周教授邦垣先生

王志鵠

〔民國〕二十三年八月，鵠自歐回國，應國立北平大學之聘，自上海遠赴北平，任農業化學系教授；因先輩農化系主任周建侯先生介紹，得識周教授邦垣，森林系教授均為留德飽學之士，周先生主講森林經理學，尤為員生所共欽！平大同事三年，常相過從，相知日深。

民國二十六年「七七」蘆溝橋事變爆發，日本迫我太甚，全國憤慨，領袖先總統蔣公宣布對日全面抗戰，平津公私立大學六所，北大、清華與南開遷校昆明，平大、師大、北洋三校合成國立西北聯合大學，設校址於西安，平大等三校師生，不避艱險，忍痛離平，幾經跋踄，終於安抵

王志鵠，國防研究院第五期研究員。
資料來源：文化部中山樓周邊園區，典藏號XFP1300

西安，維持弦歌不輟！旋聯大農學院奉令與西北農專合併成立國立西北農學院，聯大農學院設院址於陝西沔縣，農院師生，乃又自沔縣北上武功（國立西北農學院所在地）。自平至陝，自西安至沔縣，自沔北達武功，鵠與邦垣先生搭車在一起，食宿在一起，流亡患難中，友誼益堅，情感彌篤！二十九年任教西農時期，邦垣先生仍為森林系教授兼推廣主任，鵠任農化系教授兼系主任，不久，三民主義青年團成立中央直屬西北農學院分團，周公與鵠受命負責團務，接觸更多，關係益密。

抗戰勝利後，邦垣先生三十八年自福建來臺，鵠同年自南昌抵達臺北，後來，周公任教授於國立臺灣大學並兼農學院院長，鵠服務省立農學院，仍常交往，友情久而彌篤。周公畢生作育青年，盡瘁林業，對福建及臺灣兩省之營林事業，貢獻尤多，昊天不予，積勞成疾，七十一年七月十九日竟與世長辭。邦垣先生生活儉約，教育研究不遺餘力，致力林業公而忘私，忠黨愛國，尤足為青年導師，林學泰斗，光芒萬丈，永留後世！茲值逝世二週年，友好門生為文紀念，謹就所知，聊誌數語，藉表哀思，用慰四十餘年至友在天之靈！

錄自《周楨教授逝世二週年紀念刊》(3)

王志鵠校長贈書促成姻緣　　高希均

　　那時台大施建生教授寫了一本好書:《經濟學原理》,售價一百八十元,相當於一個半月伙食費,大家都買不起。一次論文比賽中得了獎,訓導主任王天民老師告訴我,王志鵠院長要給個獎,問我要什麼?我鼓起勇氣,提到這本書。不久收到這本書,上面還有院長勉勵的字。我如獲至寶,日夜細讀,還在書上做了不少筆記。沒想到一年後,在東海大學外文系的大一女生,因投稿《積穗》而認識,寫信問我有沒有這本書。當時東海已在推動通識教育,外文系學生要修經濟。她來自左營眷村,也買不起。她收到書後發現:我似乎是一個好學生,對我產生了好感,投稿也增加了。她在東海畢業,就飛到美國布魯金斯校園嫁給了我,這使我不得不相信古人的話:「書中自有顏如玉」。前年是結婚五十週年,帶了兒子女兒再回到布城,追述那段「書緣」,女兒回應:「難怪你總是鼓勵大家要多讀書多送書。」

1958年6月畢業前在母校椰林大道。右一曾捷新,左一伊慶箴,左二為自己,左三為東海大學的劉麗安(後來變成了我的妻子)。

節錄自《中興大學名譽博士特刊》(4)

─⊕─　**註　解**

(3)《周楨教授逝世二週年紀念刊》(台北:周楨教授逝世二週年紀念刊編印委員會,1984),頁1。編按:本文雖為悼友而作,但換個角度看,也是王志鵠自述他從民國23年返國至44年擔任本校院長期間的行跡,有助於瞭解其生平,因予收錄。

(4)本文為節錄,標題為編注者所加,見高希均,〈眷村‧農村‧世界村──台中農學院的四年豐收〉,《中興大學名譽博士特刊》(台中:中興大學,2014),頁25-26。圖片取自高希均,〈讀書與教書的幸運〉,《遠見》,第378期,2017年12月號。

朱植人（1918-1975）

朱植人，農業化學系副教授兼農產
製造組主任。

資料來源：《省立中興大學民國57年畢業紀念冊》

朱植人先生事略

民國07.05.01 — 民國64.08.21

朱故教授植人，生於民國七年農曆三月二
十一日江蘇省泰興縣重心鄉之朱陳村，父稟
巽，字冶良，服務教界多年，母唐氏怡眞，出
泰興縣望族，生植人先生弟妹等六人，先生居
長，自幼聰穎。在泰興縣立第三高小畢業後，
隨其堂兄健人先生在成都完成中學教育。民二
十六年返鄉，適抗戰開始，以不願長留淪陷區
受日偽教育，乃於民二十七年冬，由海道潛赴福建省追隨其堂兄文伯（作
人）先生。先考入福建省立醫學院，因志趣不合，民二十九年夏，改考福
建省立農學院，專攻農業化學。在校沉默寡言，潛心學業，成績優異，民
三十三年畢業，留校任助教，繼續研習農產製造。

民三十五年秋，應聘國立臺灣大學農化系助教，二年後升講師，接管
該系微生物研究室，專心研究並講授微生物學及土壤微生物學。民四十七
年，出國進修，獲美國維吉尼亞州州立大學農學碩士。民五十三年返國，
次年應聘省立中興大學（現國立中興大學）農化系教授。民五十八年，中
興大學成立食品化學工程系（現食品科學系），先生出任系主任迄今，六
年擘劃，貢獻良多，如興建食品科學館，擴建食品工廠，添置工廠設備極
多，以加強該系師生之研究實習，均備著辛勞。平日教學向亟認眞，每學
期均超時授課，諄諄善誘，化雨春風，故沾溉尤多。而公餘潛心研究，著
作頗豐，亦深爲同仁所稱道。

先生盛年壯志，自忘疾疾，日夕以系務發展爲懷，以系爲家，致影響
健康，積勞成病，初不料伏患如此之深也。本（六四）年七月二十八日，
赴臺北空軍總醫院檢治，發現肝癌已至末期，羣醫束手，回生乏術，延至
八月二十一日，溘然長逝。嗟乎先生，年逾半百，中饋猶虛，公而忘私，
鞠躬盡瘁，死而後已，殊堪痛惜！

民國59年（1970）6月，畢業典禮後，畢業生宋修勤（左三）攜母（左一）與系上老師合影，左二
為陳淑華，右起依序是聶威杰（客座副教授）、朱植人（農製組主任）。

資料來源：《百年史集》(1)

朱植人，食品化學工程學系主任。

資料來源：《國立中興大學民國62年畢業紀念冊》

　　植人先生，熱誠和藹，視學生如子弟，純為書生本色。臨終遺囑：將
其一生積蓄，設置獎學金，以勵後學，為國育才。故其一生之奉獻，宛如
其名——植人，惜天不假年，遽爾謝世。緬懷風範，悲何能已。謹略述其
生平，敬告先生之生前友好，俾資悼念云爾。

錄自《國史館現藏民國人物傳記史料彙編（第9輯）》(2)

註　解

(1) 聶威杰，〈結緣母系一甲子的點滴〉，柯文慶主編，《百年史集》（台中：國立中興大學食品暨應用生物科
　　技學系，2019），頁148。

(2) 《國史館現藏民國人物傳記史料彙編（第9輯）》（新店：國史館，1993），頁29-30。

江瑞湖（1928-2022）

江瑞湖，時任昆蟲系講師。
資料來源：《省立中興大學民國52年畢業紀念冊》

劉玉章，省立農學院植病系畢業照。
資料來源：《省立農學院第十屆畢業紀念冊》
（民國48年）

江瑞湖教授

劉玉章[1]

民國17.08.15 — 民國111.01.19

　　江瑞湖老師於民國十九年（編按：應為民國17年）出生於杭州。幼年因抗戰軍興，輾轉到四川完成中小學教育，卅六年考入上海同濟大學醫學院，卅八年初來台，轉學台灣農學院，也就是中興大學的前身。四十年，江老師以優異成績畢業於植物病蟲害學系第一屆，同年並考取高等考試及農業技師資格，隨即進入中興大學昆蟲系（編按：精確地說，是省立農學院植物病蟲害系）任教，自助教、講師、副教授，民國六十年升任教授。

　　江老師課外並擔任自然雜誌社常務編輯委員，撰寫昆蟲生態，以及維護自然環境等文章。民國五十六年，赴美國佛羅里達大學，參加國際原子能總署（IAEA）舉辦之放射昆蟲學之合作研究。後再轉赴加州大學研究，當時在國內，尚屬起步的電子顯微鏡及放射同位素示蹤在昆蟲學之應用，所發表論文，獲得獎勵。

　　江老師教授農業昆蟲學，專長放射線及放射性同位素防治應用之研究。歷年來在國內外發表之論文超過四十篇，主要刊載於《農林學報》與《昆蟲學報》。國外部份早期刊於《國際原子能總署會刊》，近年來，則多刊登於國際昆蟲協會（IEC），以及國際電子顯微鏡聯合會（ICEM）論文集，如漢堡（七三年）、東京（七

⊕　　註　解

(1) 劉玉章（1938-2021），河南人，民國48年（1959），省立農學院植病系畢業，曾任昆蟲系第八任系主任（民國84.8-87.7）。

江瑞湖，省立農學院植病系畢業照。
資料來源：《省立農學院第二屆畢業紀念冊》
（民國40年）

五年）、溫哥華（七七年）、西雅圖（七九年）、北京（八一年）、佛羅倫斯（去年）等，共十二篇。其中尤以六十年在日本東京舉行之國際稻米防治學會，以及次年在坎培拉之第十四屆國際昆蟲年會宣讀之論文尤受重視。

在出版著作方面，有大中國圖書公司印行之生物化學論叢《細胞之顯微構造》，(2)與《環境科學》（八三年版）(3)等十數冊。作育英才四十餘年的江老師，教學認真、和藹可親，甚受同學愛戴；並曾獲教育部、國民黨中央黨部獎章與褒揚狀，培養出之學生也多有成就。在農業界，諸如農林廳前廳長徐茂璋、農藥所所長李國欽等，可謂桃李滿天下，今年榮列世界名人錄（*Who's Who in the World, 1997*）。(4)

錄自《興大校友》第7期(5)

民國40年（1951），江瑞湖（前排右四）畢業後即被聘為助教，但民國43年（1954）畢業紀念冊中，始見她與植病系師生合影。
資料來源：《省立農學院第五屆畢業紀念冊》（民國43年）

悼念昆蟲學系江瑞湖教授

侯豐男，昆蟲系畢業。

資料來源：《省立中興大學民國53年畢業紀念冊》

侯豐男[6]

我們敬愛的江教授瑞湖老師，慟於2022年1月19日仙逝，我們痛失一位良師，雖然她高齡92歲離我們而去，我們還是非常哀傷與不捨，但是她也留給我們許多的懷念與回憶。

江教授在1928年出生於杭州市，在上海唸完高中後，來台考進本校前身省立農學院植物病蟲害學系，當時該系只有兩男兩女四位學生，在民國40年他們為第一屆畢業生。江教授畢業後，即被聘任為助教，此後一直在植物病蟲害學系，到後來分系成立昆蟲學系任教，直至晉升正教授。她在職期間對於用放射線處理昆蟲體對其生殖細胞之影響，頗感研究興趣，後

江瑞湖（左二）與同學上實習課留影

資料來源：《省立農學院第二屆畢業紀念冊》（民國40年）

註　解

(2) 生物化學論叢第一集是柏瑞齊特（Jean Brachet）等撰，陳國成等譯，《生活細胞與細胞器官》（台北：大中國，1971）。第二集是陳國成、江瑞湖編譯，《細胞之顯微構造》（台北：大中國，1971）。

(3) 陳國成、江瑞湖編著，《環境科學概論》（台北：大中國，1971）。

(4) 馬奎斯世界名人錄（*Marquis Who's Who*）創立於1899年，是馬奎斯出版公司出版的多種名人錄刊物之一。

(5) 《興大校友》，第7期，1997.6，頁31-32。

(6) 昆蟲學系榮譽講座教授。

來更赴美國加州大學（UC, Davis）進修接受這方面的訓練；因此奠定台灣往後開發昆蟲不孕技術之基礎，江教授在放射線對害蟲防治上之應用，可視為國內研究之先驅，但學界卻鮮少人知。江教授到1990年代後期才榮退，接近退休時她仍不斷地關心學術活動，遂於1996年出席在義大利召開的第20屆國際昆蟲學大會（The XX International Congress of Entomology, Firenze, Italy, 1996），並發表論文，可見她對於昆蟲學研究之熱衷，委實令人敬佩。

　　本人在1960年考進本校初成立的昆蟲學系，江教授是第一位教我昆蟲學專業課程（普通昆蟲學）的老師，她授課非常認真又生動有趣，於是激勵我對主修昆蟲學深具信心與濃厚興趣，因而引導我畢生步上昆蟲領域的教學與研究的道路；所以，她是我的啟蒙老師，我萬分感謝江老師的教導。

昆蟲系畢業生與師長合影，前排右五為江瑞湖。
資料來源：《省立中興大學民國53年畢業紀念冊》

　　江老師教我們的時候，她才30歲左右，端莊高雅，雍容華貴，談吐都輕聲細語，性情溫柔又充滿教學的熱心，誠然是一位年輕的美女教師。最讓我對她印象深刻的三件事是當時她每天都穿旗袍、綁髮辮及穿平底鞋，展現出一位典型的中國傳統美女。據說在大學時代，她的夫婿本校環境工程學系陳國成教授追求她時，由於她的保守及矜持，陳老師雖然能言善道，英俊瀟灑，仍寫了無數的情書，其中有些被貼在女生宿舍的公佈欄

民國53年（1964），江瑞湖與學生
陳真智（53級）於昆蟲館留影。
（原附圖）

上，經陳老師的鍥而不捨，深情的表白，竭盡全力追求，才贏得芳心，他們的羅曼史長年廣受流傳，蔚為美談，令人津津樂道。

她曾告訴我，由於她出生在杭州，父親就取名「瑞湖」。她的容貌美麗，氣質高雅，身材高挑，堪稱是一位蘇杭美女，當時她也是全校最漂亮的教師，我們都很喜歡上她的課。江老師後來大部分擔任外系「農業昆蟲學」的課程，由於她對學生充滿關愛又深具親和力，所以大家都尊稱她為「蟲媽媽」，可見她是一位很受到學生敬重與愛戴的好老師。

民國73年（1984），於中興大學貢穀紳校長就職典禮留影，左起：陳國成教授和江瑞湖教授夫婦、貢校長、李小藩教授、侯豐男教授。

（原附圖）

如今，江老師高齡蒙主恩召，她的學生們都感到極度的不捨與懷念，祈願她在所信仰的上帝之恩賜下，安息主懷，榮歸天國。

錄自《興大校友》第32期(7)

註 解

(7) 《興大校友》，第32期，2022.10，頁53-55。

附錄

一、江瑞湖學士論文

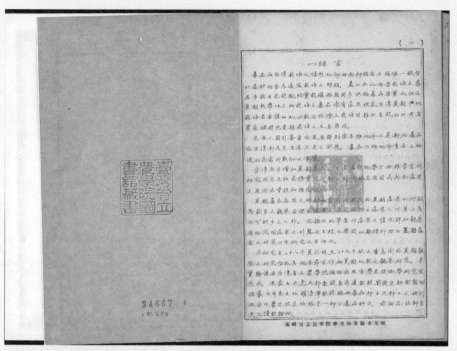

江瑞湖學士論文〈臺灣蕃茄夏期形態落果與生理落果原因之研究〉（民國40年），緒言中說其研究「承蒙玉井虎太郎教授、易希道教授、劉俊臣助教懇切指導」。

資料來源：興大圖書館

江瑞湖（左一）與易希道教授（右二）、劉俊臣助教合影（右一）。

資料來源：《省立農學院第二屆畢業紀念冊》（民國40年）

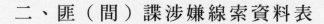

二、匪（間）諜涉嫌線索資料表

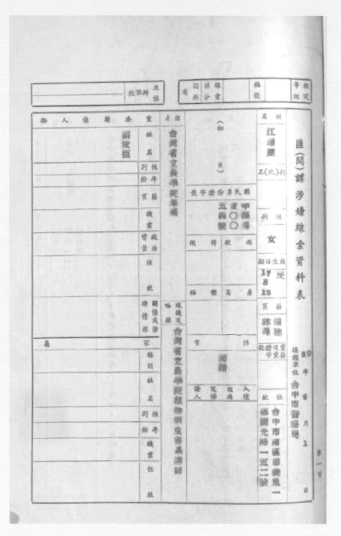

案名：〈可疑分子考管——臺中農學院江瑞湖案〉
檔案起訖日期：民國40年2月4日至50年9月1日
內容摘要：臺中農學院江瑞湖已列偵。奉續查江瑞湖活動情形請鑒核由。
重要關係人物：劉俊臣。(8)
建檔單位：台灣省警務處（內政部警政署）
資料來源：國家發展委員會檔案管理局

⊕ 註 解

(8) 劉俊臣，日本姓名為平井俊臣，台中縣人。據《省立農學院第三屆畢業紀念冊》（民國41年），當年他26歲，
比林子玉小一歲，推測他是民國15年出生，民國37年畢業於臺灣省立農學院舊制專門部。民國40-42年間，曾
在省立農學院擔任助教，與易希道合撰〈臺灣夏季番茄一代雜種之栽培及其生理的考察〉，《農林學報》，第
2輯，1953，頁159-170。

李達才（1902-1959）

李達才先生簡歷　　賀主伯(1)

民前10.10.30（農曆）— 民國48.04.24

李達才，森林系主任。

資料來源：《省立農學院第八屆畢業紀念冊》

（民國46年）

民前十年　　（光緒廿八壬寅年〔1902〕）十月卅日，生於江西省安福縣西鄉
　　　　　　錢山村。

民國三年　　（1914），入安福縣立高等小學肄業，民國五年（1916）冬畢業。

民國七年　　（1918）秋，與堂弟捷才入江西省立第一中學肄業。

民國八年　　（1919），堂兄甲才、鼎才留學日本，每人官費除維持本人用費
　　　　　　外，尚有剩餘，足可供應一人留日生活之需，故囑其與捷才二
　　　　　　人向一中申請休學，同赴日本。在日補習一年。

民國十年　　（1921），考入東京一高（官費）。畢業後，升東京帝國大學。

民國十八年（1929），畢業，取得東京帝大林學士學位。

民國十九年（1930），返國，江西省立農專聘為教員。十九年十月，江西省
　　　　　　政府建設廳派任江西省立彭湖林場場長，仍兼農專教員。

民國廿年　　（1931）二月，受國立北京大學之聘，為該校教授，乃辭去彭湖
　　　　　　林場場長之職，前往北平，就北大教授。(2)

民國廿二年（1933），國立河南大學教授。

民國廿七年（1938），湖南省立農專。

民國廿　　　　　　，廣西大學、雲南大學。

民國三十六年（1947），台灣省立農學院。

〈李達才先生簡歷〉手稿

資料來源：興大校史館／賀永芳女士提供

追念興大先賢之事功

賀主伯

一、緒言

　　校園中設有追思先賢的紀念物，依其設置成立時間先後而論，最早是紀念森林系李達才教授，48年逝世，5月所植的紀念樹（小葉桃花心木）；其次是紀念湯校長的惠蓀堂；再次是紀念羅校長的雲平樓；以及紀念宋教務長的勉南網球場。

民國48年5月，為紀念李達才教授，在小禮堂前種植一株小葉桃花心木。左起依序為周恆教授、王志鵠院長、李公子士達、作者（賀主伯先生）、張中和教授。

資料來源：興大校史館

李達才教授紀念樹，約民國90年代初。

資料來源：興大校史館／賀永芳女士提供

　　我自52年2月擔任林管處造林組主任，66年4月調研究發展組且兼創辦森林遊樂業務，那時「處組織規程」中尚無森林遊樂組的編制。在這段職務時間內，我在山上都親近過先賢們，李教授更是我的鄉親、恩師。所以，我留有他們上山時片段活動照。特選最富意義的上山片段活動照，刊出說明，以誌懷念，分享讀者。

二、擴增山地區校地者

　　李達才教授是本校前身——省立農學院時之首任森林學系主任，也是首任教務主任。李教授鑒於本校已由專科學校，升格為學院，教學研究層次要提升，遂向政府爭取第三模範林場，即前日本北海道帝國大學演習林，38年獲准，定名為能高林場（為紀念湯故校長，56年5月改為惠蓀林場），但政府規定必須「以林養林，自給自足」。

　　由於學校當時是「省立」，在當時國家經濟窮困時期，更顯拮据，造成學校漸次把持林場的經費（43年才正式成立實驗林管理處），植物病蟲害學系、農業化學系、農業經濟學系、森林學系、會計室、人事室等都有支領林場經費的人員，對學校的發展有很多、很大的幫助。

民國39年暑假，李達才教授（左二）帶領
學生在新化林場實習測量、測樹等。
資料來源：興大校史館／賀永芳女士提供

李達才教授與森林系同學畢業旅行合影
資料來源：《省立農學院第八屆畢業紀念冊》（民國46年）

　　李教授不幸於48年4月24日在臺北市省林業試驗所參加林業評議委員會
時，突患狹心症（心絞痛）往生，學校於5月在維也納森林園中（小禮堂
前），栽植一株小葉桃花心木樹紀念。初期生長很好，後來遭受棄養的一
隻小松鼠嚙害嫩梢，復又受兩棵榕樹的擠迫，而生長不良，又無設置標示
物識別，日久被人遺忘，更有不相信者。經我聯合周恆師、歐辰雄教授檢
附栽植紀念樹的相片，簽請彭作奎校長裁示保護、設置標識，復承鄭詩華
總務長專案撥款，由森林學系呂金誠系主任、廖天賜教授設計，保護美化
措施，終於紀念樹復見天日，欣欣向榮、正常生長，觀賞者一看標識，就
知典故。

⊕　註　解

(1) 賀主伯（1924-2019），江西安福人，民國43年（1954），省立農學院森林系畢業。畢業後即在本校林管
　　處工作，歷任造林組主任、研究組主任、兼處長室秘書等職，民國81年（1992）退休。詳參蔡宗憲編注，
　　《興大人物史料彙編（二）》（台中：國立中興大學校史館，2022），頁128-136。

(2) 此處北京大學疑應作北平大學。據賀主伯的〈溫故〉云：「按李達才於民國十九年得林學士返國，首先應聘
　　江西省立農專教師、兼彭湖林場場長，後應〔聘〕北平大學森林系，復轉河北省立農學院森林系兼系主任。
　　後又任河南大學森林系教授兼系主任，嗣因抗戰關係轉任湖南省立農學院，再到廣西大學及雲南大學，以至
　　三十六年來台灣。」《興大校友》，第11期，2001.6，頁69。

紀念樹下的標識石

資料來源：蔡宗憲攝影（2019）

標識內容係將民國48年植樹的相片由人工影彫師刻於黑膽石上，再貼在大理石塊面。圖下說明文字：本株植物為小葉桃花心木（*Swietenia mahagoni*），係為紀念省立農學院（本校前身）森林系首任系主任李達才教授，因熱心學務致積勞成疾過世，所栽植之紀念樹。栽植儀式於民國四十八年五月舉行，由王院長志鵠與李公子士達共同主持。

資料來源：興大校史館/賀永芳女士提供

賀主伯（左）與歐辰雄教授在紀念樹旁合影，約民國90年代中。

資料來源：興大校史館/賀永芳女士提供

李達才教授紀念樹今貌，生長狀況良好。

資料來源：蔡宗憲攝影（2023）

節錄自《中興憶往》(3)

--- 註 解 ---

(3) 賀主伯，〈追念興大先賢之事功〉，吳育慧主編，《中興憶往》（台中：國立中興大學秘書室文書組，2010），頁17-18。此文最初發表在《中興憶往》，後以〈追念興大先賢之事功及在林場活動片段〉為題，無圖片，收錄於莊作權、洪作賓主編，《退休拾痕（第二集）》（台中：國立中興大學退休人員聯誼會，2003），頁39-41。此次錄文係參校賀主伯遺留的稿件，並增補若干圖片。

附錄：賀主伯來台的機緣

李達才教授於民國36年初應台灣省立農學院之聘而來兼森林系主任及教務主任，劉棠瑞（1910-1997）教授亦結伴同來，後任台大森林系主任、農學院院長。36年6月，我畢業於江西省立吉安中學時，有胃病，在家休養，李師留在錢山的妻子徐梅影想帶兒女來台團聚，李師母遂到我家邀我作伴一道來，真是命運安排的機緣。

李達才的妻子徐梅影
資料來源：興大校史館／賀永芳女士提供

賀主伯與李達才的兒女們在台灣合影（1948），男孩（右二）即民國48年（1959）植樹照片中的李士達。

資料來源：興大校史館／賀永芳女士提供

36年農曆7月24日離家，步行至蓮花縣的界化壟，搭汽車到湖南省的株州，坐火車到廣州，住宿劉瑞棠家的廣州文理學院宿舍。等候往台灣的船，直到國曆9月18日才搭到海輪，9月21日抵基隆，旋坐火車抵台中市。

37年8月，考取台灣省立農學院森林系。

錄自《我家的成長和興大今昔》(4)

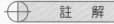
註 解

(4) 賀主伯編，《我家的成長和興大今昔》，2021年賀永芳女士提供，興大校史館典藏檔案。

周　恆（1913-2006）

周恆，時為森林系教授。

資料來源：《省立中興大學民國52年畢業紀念冊》

八五憶往　　　　周恆

民國02.09.24 ─ 民國95.11.14

序言

時間過的真快，轉眼已是白髮蒼蒼八十五歲的老人，回憶往事，好像昨日一樣歷歷在心頭，八十多年來歷經許多變故，真是無限滄桑。例如民國初年及十餘年間之軍閥割據，你爭我奪，戰亂不休，連民間紅纓槍都拿出來當武器（不是紅槍會），真可笑透頂！爾後北伐、建國（如民國十八年至二十六年之黃金歲月）、抗戰、內戰、播遷來台等大事，無一不在心靈上抹下深刻的陰影。追憶起來，真是辛酸備至，苦樂兼嘗。所幸在台五十年，得以安居樂業，教育子女長大成人，兼以擴及事業，舒我胸懷，各方略有所成，其經過之艱辛歲月，苦樂經歷，實有說不盡之悲哀與喜悅，茲值八十五歲誕辰前夕，僅就回憶所及，概括陳述，不敢期望遺留後世也，實以為子孫所警惕耳！

我沒有寫日記之習慣，同時因興趣之所好，常優遊於河山荒野間，寫日記的規律習慣，就會時起時輟而不能連續進行，失去了寫日記的價值。因而往事之述，全憑記憶，若部分事實有涉及他人隱私者，亦因以刪去，關係政治演化者，避免政治隱私，自當略而不提，只好涉及重大學術或事業者，梗概略陳耳！

家世

周氏世居河南省孟津縣白鶴鎮已歷二十一世，我即第十九世周氏子弟，據傳係明末由山西省洪洞縣大槐樹遷移而來，附近各地各姓均有此傳說，想是集體移民，以大槐樹為集中地耳。先曾祖相傳曾參加反清組織，幾至抄家，幸先祖正值英年，果斷處理，始免於難。先曾、祖二公，均主張「留給子孫財產，不如留書」，故家中藏書甚豐，且多名版，分經、醫、術、藝四類，先嚴岐瑞公即詳細鑽研醫書而成名醫。我幼年以先慈多病，且二弟出生，三歲即隨先祖生活，衣食起居亦多由先祖母照顧，故三

歲識字、五歲讀書、七歲能文、九歲詠詩、鄉里稱道，且有徒步數十里而來索我文章一閱之老先生（先祖朋友輩），讚不絕口者，我卻愕然不知其何所指也。

求學

我幼時最愛玩，且興趣變化靡定，父親最重「持久」，常跟我說：「人生必須有專長，才能生活於世，專長尤要『專精』，業精於勤，成功於『恆』。自入高等學堂後，即以『周恆』為名，不可忘也。」我致力水土保持六十年，遵父命也。父親常說：「『并敵一向，千里殺將』，治學、做事，必須專心。」這些嚴父遺命，至今不敢違背。……

我（民國）十八年夏，考入河南大學理學院。本來十七年夏，上班同學郭鎮華邀我陪他報考河南大學，我說我無文憑不能報考，他說可設法弄張偽造文憑，因為他家有印刷工廠，做件偽文憑，較輕而易舉。不料他竟弄偽成真，替我報河大醫學院。因為他的英文、數學最弱，而我則出名的強，於是同去考試，幸考場座位是前後座，轉題方便，結果我們兩人雙雙考取醫學院。入學後，我找當時河大醫學院郭馨齋教授，問他學習醫學的重心，他則帶我們去看佇屍池、解剖室，弄得一晚沒吃飯，想起來就要吐。於是第二天即休學回家，仍去明德中學繼續讀書。一個醫生，這樣擲掉，豈不可惜！

十八年夏，明德中學正式畢業，計報考中央大學數學系、上海交大機械系、河南大學數學系，前兩者先考，中央放榜錄取第五名，交大尚未放榜，即參加河南大學考試。我報的數學系，考試三天，第一天第一節即考數學。當時河大校長為黃際遇先生，國際名數學家，具有好幾個博士學位，數學題即他自己親出，所以我考到第三天最後一節課時，他命他的秘書在試場外等我，即被帶去見他。他拿一本卷子問我：「是否你的卷子？」我幾嚇壞，看了一下說：「是的！」再看則有紅筆大書兩字「必取」，蓋我是該次考試中唯一一個數學一百分也。又問我是否來河南大學，我說：「一定來！」他大笑，並拍我肩說：「以後好好努力，去吧！」這是我一生最大的榮幸，永遠銘記在心。……

別人讀大學四年畢業，我則讀了五年。當時是學分制，必修讀完、選修共讀到應畢業學分時，即可畢業。有人三年即畢業，我則共讀五年，即數學系一年半、土木系兩年、農學院森林系一年半，合共五年。……

民國二十三年暑假開學到校時，驚聞土木系併入北洋工學院，雖屬教育政策的改變，但對同學來說，不能不算一大心理負擔。我則商同孫、崔、劉、張，和另一周姓同學，連名轉入農學院森林系三年級繼續攻讀。幸院長兼系主任萬晉（康民）⑴先生表示特別歡迎，並和我做連夜談。因萬院長原係清華大學水利系，出國赴美卻改讀森林，深覺森林系同學數理基礎不足，許多伐木、運材、道路工程等，不易吸收，由我一批土木系轉入，可增強此方面課程，為森林重打出一條出路也。我之終身致力水土保持者，萬先生之功居多，謹誌不忘。

後來土木系亦追認我土木學士，雖我在土木系，只差四個學分之排水工程，而任教教授陶翼聖先生亦隨同改聘為森林系教授，同樣開排水灌溉，當然可互相抵矣。並有理水防砂，亦可抵銷土木系之不足，轉入北洋之四年級，照樣為借讀而仍以河南大學畢業為榮。當然，我仍具有土木系畢業資格，可惜土木證書被焚於三十七年開封攻守戰之戰火中，從此亦未能補發。

就業歷程

一、沖刷試驗場

民國二十六年五月，河南大學發給我畢業證書兩張，一是森林系，一是土木系，算是正式畢業。本來森林系有留我作助教的打算，後因原來助教郭學雲兄另謀農林學校校長未成，我的助教隨之失落。幸有萬康民先生來函囑去洛陽見他，是黃河水利委員會將在河南省靈寶縣宋莊（楊貴妃出生地，當地人都稱楊姑奶奶，而不稱本名），設一黃土沖蝕實驗場，同時與武功國立西北農學院合作，研究黃土有關沖蝕特性。這是我夢想不到的事情，突然實現，其樂無窮。也是我一生水土保持的開始，真是三天未能睡覺，其快樂自可想而知也。

二、西安—蘭州—開封—台灣

民國三十五年六月以後，西北局勢大變，鄉間夜晚，純為共黨遊擊隊勢力所控制，一切實驗、研究、調查、測繪等工作，俱告停頓，遂辭去黃河水利委員會所兼任各職，應聘赴蘭州西北農業專科學校任教，間亦襄贊校務，深獲良好效果。三十六年六月，以事赴南京，不料事畢返至開封，

⊕ 註 解

(1) 萬晉（1896-1973），字康民，河南羅山人，農業教育家、林業與水土保持學家。1924年，獲耶魯大學林學碩士學位。1927年後，長期執教于河南大學農學院。歷任河南大學農學院院長、黃河水利委員會林墾處處長等職。

驚聞蘭州為共產解放軍佔領，只好又回黃河水利委員會改組而成之黃河總局任技正，並在國立河南大學森林系兼授測樹學等課。不久，台灣省立農學院周院長進三，及教務長李達才夫子函邀來台任教，遂於三十七年七月來台至今。（編按：周進三院長、李達才教授，本書另有傳記可參。）此中最大之幸運，為赴蘭州時即將家屬留居家中，否則陷入蘭州，災害不堪設想也。

台灣任教

一、來台經過

三十六年十月，我接周、李二先生信後，即時覆函願意接受聘任，並於三十六年十二月隻身來台，探視環境和任課種類。當決定給我獨立研究室一間，助教一至二人，擔任測量、森林土木兩科，並配給宿舍一棟，即於三月初開課後，商量其他同仁，借用時間。我一天能上課六個小時，當時年輕力壯，毫不為苦。四月初即結束在台功課，趕返開封，因河南大學森林系我教的是畢業班課，學生六月中旬必須畢業也。

三十七年六月十六日，我閱完考卷送教務處時，有人告訴我城外共軍調動頻繁，我以謂這是常態，不必驚慌，且我已訂好隴海路臥車車票四張，十八日晨九時即全家離開開封，只要三天平安無事，我全家即可逃出此是非之地矣。豈料十六夜一時左右，城外槍聲大作，攻守戰於焉開始。……六月二十四日晨，城內巷戰結束。……六月二十八日起，共軍退出開封。……我忽想起友人周本立汜水縣人，為戰車團團長，現正駐開封南關，即往探望。恰巧他奉命後天（三十日）率兩營戰車前往徐州，言明之後，即答應我們卡車緊隨團長座車，其後則各營隨行，……，兩天安抵歸德，在歸德休息一天，乘火車抵徐州。時摯友亦小學同學謝鳳崗兄擔任徐州總部戰車指揮官，在他家休息三天，購車票直達南京。……留兩天後赴滬，在滬住四天，購票乘太平輪來台。

張中和，森林系教授。
資料來源：《省立中興大學民國52年畢業紀念冊》

計三十七年七月十三日抵校，同行者有張中和全家七口，一路辛苦備嘗，幸有四個月薪水尚可領取，救了大急。這一個月中真是一生最可紀念的一個月，雖非九死一生，苦難實在受了不

少，總算上天保佑，逢凶化吉，可云幸矣！

二、任教始末

三十七年暑假過後，開始上課，我擔任測量學及森林工學，後改為森林土木。最麻煩者為學生以往多受日文教育，中文幾乎看不懂，中國話能聽懂者不多，不得已採用中、英混合教學，黑板上多寫中文與英文，讓他們輪流唸誦。據說有人拿日文當國文作文者，不過我和同學相處，感情頗為彌篤，常利用課餘，用我這北方方言代替國語，與他們講大陸故事與風土人情，頗為收效。竟有人問我西湖有沒有台中公園湖大，真是啼笑皆非。

民國四十年春增開「水土保持學」，課雖增多，而愉快特甚，台灣水土保持從此誕生矣。

森林系師生合影，站立者左起第三位為周恆，左五為張中和、左六是李達才。
資料來源：《省立農學院第三屆畢業紀念冊》（民國41年）

周恆（左四）與上課同學合影
資料來源：《省立農學院第四屆畢業紀念冊》（民國42年）

三、台灣水土保持發展始末

　　民國三十九年前，台灣無人談過水土保持，甚至這個名詞聽說過的人就很少。三十九年春，我向學校提增設水土保持為選修課，學校當局及教務負責者都驚惶萬分，認為這是異端，不可能有的事，一直到我從教育部找出民國三十三年的通告，才恍然大悟。列入選修課程，第一年共選九人，第二年就增加為二十三人，以後每年選修，都在三十人以上。我每年帶學生出去調查、測量、研究等，幸當時台糖公司業務正盛，糖價很高，對政府財政業務補助大有裨益。副理兼農務室主任劉淦芝先生，

盛澄淵，農化系教授兼系主任。
資料來源：《省立農學院第一屆畢業紀念冊》
　　　　　（民國39年）

不僅同鄉，且係好友，通今各廠凡坡地農場，一律供農院學生勘查、調查，所以選修水土保持者甚眾，而水土保持教育因以打開寬宏大道。

　　民國四十一年十二月初，在省立農學院開全國各農業學術團體聯合大會，與會者一千餘人，我擬一提案「建議政府推行水土保持，以免洪災發生」，按大會決定，簽署滿三十二人者，方得列入議程，我和盛澄淵博士跑遍台中各旅館拜託簽署，結果只簽了十七人，幸大會提案審查主任委員趙連芳（我的老師）先生看了提案後，破例接受，列入議程。討論時，經我與盛博士一再說明，才勉強過半數通過，可見當時推動水土保持之難，甚至有人指我「危言聳聽」、「造謠生事」。

　　……

　　自民國四十八年八七水災以後，台灣幾乎「一雨成災」，使國家經濟陷於萎縮之中，台灣省主黃杰（達雲）先生，深為憂慮，經多人研究，特發表「治山防洪」政策。頗得先總統蔣公之讚許，只以工作人才十分缺乏，我建議於中興大學內增設水土保持系，極為贊同。

　　五十三年六月三日，中興大學湯校長惠蓀忽然電話告知，總統及黃主席在黨部召見。當時中興大學尚是省立大學，主席有絕對的控制權。當我們到達省黨部，黃主席已在等候，隨即率領我二人晉見總統蔣公。蔣公和顏悅色，大為嘉許一番，因他早於四十二年我在實踐研究院受訓時，即曾面陳台灣將來洪水之可怕，爾今不幸言中，老人家記憶猶新，特握手致

周恆，水土保持學系教授兼系主任。

資料來源：《省立中興大學民國54年畢業紀念冊》

意，囑善加指導，培養水土保持人才。所以我說「中華民國各大學系主任，只有我是總統特別指定的系主任」。

當面黃主席指示立撥三百萬圓作為系館建築及購置圖書儀器等，農村復興委員會議撥五十萬圓做為人工降雨及風洞建築等費用，當即聘請建築師、機械師等計畫設計，開始建築，歷兩年之久，方才完成系館。不過，特為說明者，黃主席批撥之三百萬圓建築費，卻被財政廳以預備金不足而扣去五十萬圓，實際只領到二百五十萬圓，因之水土保持館設計三樓而只能建成二樓（包括建材價格飛漲），頗為可惜。

學系既已成立，招生則成問題，因聯招廣告已經印發，無法增加系別。經多次與聯招會商議，結果由聯招會發函通知所有報考中興森林系者，加倍錄取，錄取後再由學校函知錄取生可以自願轉入水土保持學系，農學院其他各系願轉入水土保持系者亦所歡迎。所以第一屆水土保持系學生，只有三十二人，不過學業成績都甚良好，奠定了良好基礎，所以我說六月三日，才是水土保持學系成立的日子。

悼亡妻蔡曼真女士（節錄在台眷舍的部分）

三十七年七月抵台後，由學校配給台中市模範村眷舍一棟，嗣以該房形式壯觀，建坪亦大，商請遷讓，改為院長官舍，另指定台中市民意街宿舍二棟及雙十路二十一巷十四號宿舍一棟任憑挑選。妻則挑定雙十路一棟，其理為雙十路院大房小，地處郊區，人棄我取，免與人爭，再則院大可種菜種花，較之民意街有房無院好多矣。且民意街同仁太多，小孩子易與同仁子女玩時鬧氣，影響同仁感情不睦，亦應考慮。所以在台中市雙十路宿舍一住三十二年，與其他同仁向無不愉快之爭執，且該處現已成為台中市中心區，交通、環境均優，成為台中市住家好地方，妻之眼光遠大，可見一斑。

三十八年，大陸變色，許多友好，紛紛來台，舍間終年客人不絕。下

車後先住舍間，再覓住處，少則一月，多達三月，白飯青菜，接待無間，始終如一，向無吝色，恢宏大度，多人稱讚。三十餘年來，我為台灣水土保持工作之推行，跋涉山水之間，講學、開會，奔波倡導，許多畢業學生常深夜造訪，坐談事業學術之發展，妻向來談笑自若，招待親切，許多學生常謂：「老師固可敬，師母更可愛。」我數十年之能一心一意致力於水土保持學術與事業者，賢妻之功居多，常謂：「粗茶淡飯，心安理得，不義之財，絕不能要。」我一生主持學術事業，敢言無一毫之苟得者，妻規勸之功也。哀哉！五十五年夫妻，竟離我而去，賢妻！益友！深夜念及，泫然泣下。

節錄自《八五憶往》(2)

訪水土保持之父——周恆老師　　陳鴻烈(3)

陳鴻烈，水保系畢業。
資料來源：《國立中興大學民國62年畢業紀念冊》

　　周老師的一生就是一部台灣水土保持之歷史，他的學識淵博，人品崇高，及其視野具膽識與前瞻性，在在成為我們最崇敬之老師。猶記得三十多年前，遠在本校成立環境工程系（民國65年6月）及土木系大地工程組（民國73年8月）之前，周老師上課時就不僅談到山坡地利用、土石流、崩塌地治理及「國土資源之永續利用」，並將資源之「環境品質」納入其教材中，課程已規劃包括水污染、土壤污染等具前瞻性的學識，令受教學生獲益良多。今值中興大學建校八十週年，校友會特闢專欄訪問水土保持之父——周恆先生，能有機會再次聆聽周老師教誨，實與有榮焉。

註　解

(2) 周恆，《八五憶往》（台中：作者自印，1997），頁1-80。

(3) 陳鴻烈，民國62年（1973），中興大學水保系畢業，美國加州博克萊大學工學博士，任教於興大水保系，民國104年（2015）7月退休。

左起為林景淵教授、周恆教授、陳鴻烈教授與顏正平教授
（原附圖）

　　歲末我們一行人，包括顏正平教授、林景淵教授、許中立先生，及筆者本人前往周恆老師位於雙十路的寓所。行車間，顏教授已告訴我們許多有關周老師過去從事研究的專精，及其創立本校水土保持學系與推展台灣水土保持工作的貢獻。由中興大學出發，經二十分鐘左右即到達周老師的寓所，這是一棟位於體育場與百貨商圈的五樓住宅，每層樓都有獨立的出入口，惟共用一個幾十坪的大庭院，院中種有多種常綠花木，加上大門前的蜿蜒小路，實有曲徑通幽之感，在這個繁華的地段誠屬不易。

　　周老師的寓所位在一樓，因事前已連絡過，故在按門鈴後，速見周老師親自開門迎接。周老師雖已八十六歲，但精神奕奕，行動自如，尤其是開門那一霎那，一位和藹可親的長者映入眼簾，頓時有返家的溫馨感。我們奉上薄禮與校友聯絡中心所贈送之花卉，預祝他老人家新春愉快，並再一次說明來意，且一一介紹來訪人員。一行人皆獲周老師親贈其近著《八五憶往》一書，顯見周老師之勤奮著作及美意。

《八五憶往》一書的封面
資料來源：興大校史館/宋德喜教授提供

……

　　由於周老師所擔任的測量與森林工學兩門課均有野外實習，乃驚見台灣山陡、土鬆、風狂、雨急，且溪床比降甚大，加以人口遽增、濫墾不斷，致使土壤沖蝕極爲嚴重，災害頻仍，岌岌可危。因此，惟有做好水土保持工作，才是保障安全的最好方法。於是，周老師建議學校在森林系中增設水土保持課程，預爲國家培育這方面的人才。

　　民國41年12月，全國農業學術團體在台中農學院召開聯合年會。周老師與盛澄淵教授合提「建議政府勵行水土保持，以資防災增產案」，經兩天四處奔走，參與連署者僅17人，與大會議案規定之32人相差甚多，幸提案審查負責人趙連芳博士慨允提出，遂獲勉強通過。此一議案通過後，農村復興委員會於民國42年撥款辦理中華民國第一屆水土保持訓練班，台糖公司與農林廳爲協辦單位，班主任由當時農學院院長林一民先生兼任，周老師任總幹事，歷時八週，除講授部份課程，兼理各項事務外，舉凡內外實習、參觀等，無不由周老師親自參與。學員中如葛錦昭、廖綿濬、步炎昇、劉凌雲、孔繁熙等，均屬其中之佼佼者，這些學員不僅是我國水土保持第一批尖兵，開台灣水土保持之先端，亦是早期林業與水土保持之領導者。

……

　　水土保持推行多年，由於缺乏法理依據，每多滯礙難行，不僅工作人員在外常遭困難，政府有關部門處理亦屢生糾紛。因此，民國57年底，經濟部特函中華水土保持學會及中興大學水土保持學系合擬「水土保持法草案」。周老師時任水土保持學會理事長及水土保持學系系主任，隨即著手蒐集資料，反覆舉行討論會，歷時半年，計擬出條文122條，然後再邀請各有關專家學者，開會多次，整理出草案64條，是爲水土保持法之肇始。

……

　　民國69年9月1日，周老師到考試院任第六屆考試委員，兢兢業業，爲國掄才，六年任期屆滿，退職後乃遷回台中原址居住，並在水土保持學系兼課，至民國75年止。

節錄自《興大校友》第9期(4)

⊕　　註　解

(4)　《興大校友》，第9期，1999.5，頁45-48。本篇的訪問內容，許多已在周恆的《八五憶往》中提及，爲免重複，酌予刪略。

周進三（1900-1994）

省立農學院第一任院長周進三

資料來源：《省立農學院第二屆畢業紀念冊》
（民國40年）

周進三先生傳略　　楊庸蘭[1]整理

民前12.09 — 民國83.12.19

　　周院長進三，浙江嵊縣人，民國前十二年九月生。民國八年，東渡日本留學，十八年，畢業於東京帝國大學農業經濟系。[2]廿年，在青島市李村農事試驗場擔任技士，期間兩次到日本引進大量先進的設備、優良畜禽品種及新穎獨特的畜禽宿舍。廿六年，轉往福建省農業改進所任職。卅四年來臺，是年十二月一日，周院長奉命接收「臺中農林專門學校」，改校名為「臺灣省立台中農業專科學校」，並被任命為首任校長。卅五年九月一日，本校奉命改制為「臺灣省立農學院」，院長一職仍由周校長轉任。

註　解

(1) 楊庸蘭，民國93年（2004）國立中興大學歷史研究所碩士班畢業。

(2) 原注：周院長於留學期間，曾翻譯日本阿西太二郎《農民問題研究》一書，由上海民智書局出版。

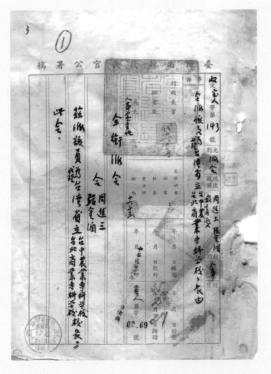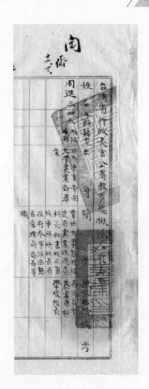

臺灣省行政長官公署派令，令周進三為省立臺中農業專科學校校長，附周進三簡歷。
資料來源：國史館臺灣文獻館

周進三校長（前排左五）接收後與師生（前排多為日籍教師，右五為卸任的校長野田幸豬）合影
資料來源：《國立中興大學前身——農專、高農時期發展沿革》(3)

民國36年12月20日,周進三陪同司法院院長居正(持鍬者),在小禮堂前方植樹。

資料來源:興大校史館/許慈書教授提供

民國37年(1948),美國駐華大使司徒雷登(John Leighton Stuart,1876-1962)與巴大維
(David Goodwin Barr,1895-1970)將軍參訪農學院合影。

資料來源:《省立農學院第二屆畢業紀念冊》(民國40年)

局部放大圖，左一為周進三院長，左二為司徒雷登大使，右一為巴大維將軍。

資料來源：維基百科、Barr Memorial Library

　　卅七年九月，周院長回杭州創立浙江農民學校師資訓練班。卅九年，調往浙江省農業廳農政科任職，參與制定農業政策及農業教育工作。四十三年，周院長任浙江省食品公司技師。四十六年，轉到大觀山農場任職，為浙江省畜牧事業竭盡心力，至五十一年退休。周院長退休後，除教授日語外，亦擔任浙江省畜牧學會之顧問。七十二年發起成立逸仙科技諮詢服務部，為農、工、牧的技術工作提供指導，同年榮獲表彰。(4)八十三年十二月十九日，因病逝世，享年九十四歲。

　　周院長在接掌本校期間，對學校初期之建設與發展，頗有擘劃。例如，在接收之初，當時日籍教職員大多被遣送回國，周院長即從大陸各地延聘教員加以補實。原有日據時期所行以講座為中心的研究制度，周院長則依照教育部學制，改為教學與研究並重的制度；但對原有各研究室則仍予保留，僅將名稱稍加更易而已。(5)

註　解

(3) 林景淵編撰，《國立中興大學前身——農專、高農時期發展沿革》（台中：國立中興大學；台北：南天書局，2018），頁211。

(4) 原注：周院長獲陳雲題詞「從事農業科研、教學、推廣或行政之工作逾半個世紀，勞績卓著」之表彰狀。

(5) 前後兩個時期之體制與名稱的差異，可參宋德熹編，《檔案中的校園變遷》（台中：國立中興大學總務處，2006），頁4。

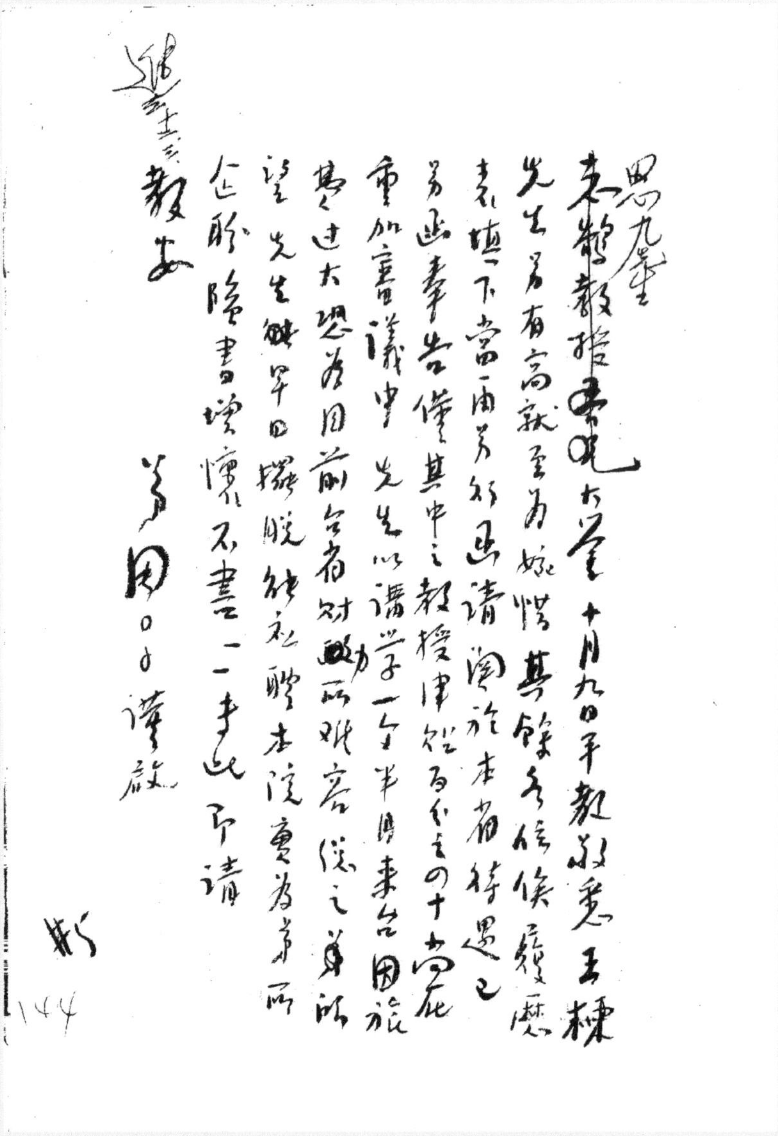

周進三院長回覆王志鵠（字思九）先生有關聘任教職的書信手稿（民國35.12.3）
資料來源：《省立農學院時期周進三校長相關資料》／興大秘書室文書組

思九先生大鑒：　　十月九日手教敬悉，王棟先生另有高就，至為惋惜，其餘各位，俟履歷表填下，當再另行函請。關於本省待遇已另函奉告，僅其中之教授津貼百分之四十尚在重加審議中。先生以講學一個半月來台，因旅費過大，恐為目前台省財力所難容。總之，所望先生早日擺脫，能應聘本院，實為弟所企盼，臨書增懷，不盡一一，專此　即請

教安

弟周○○謹啟

湖 3275　北 0554

武 2976　昌 2490　農 6593　學 1331　院 7108　沙 3097　鳳 7685　護 6233

兄 0338

函 0428　介 0094　四 0934　位 0143　乞 0047　即 0613　航 5300　寄 1376

詳 6116　歷 2980　以 0110　便 0189　約 4766　聘 5111　弟 1717　周 0719

進 6651　三 0005

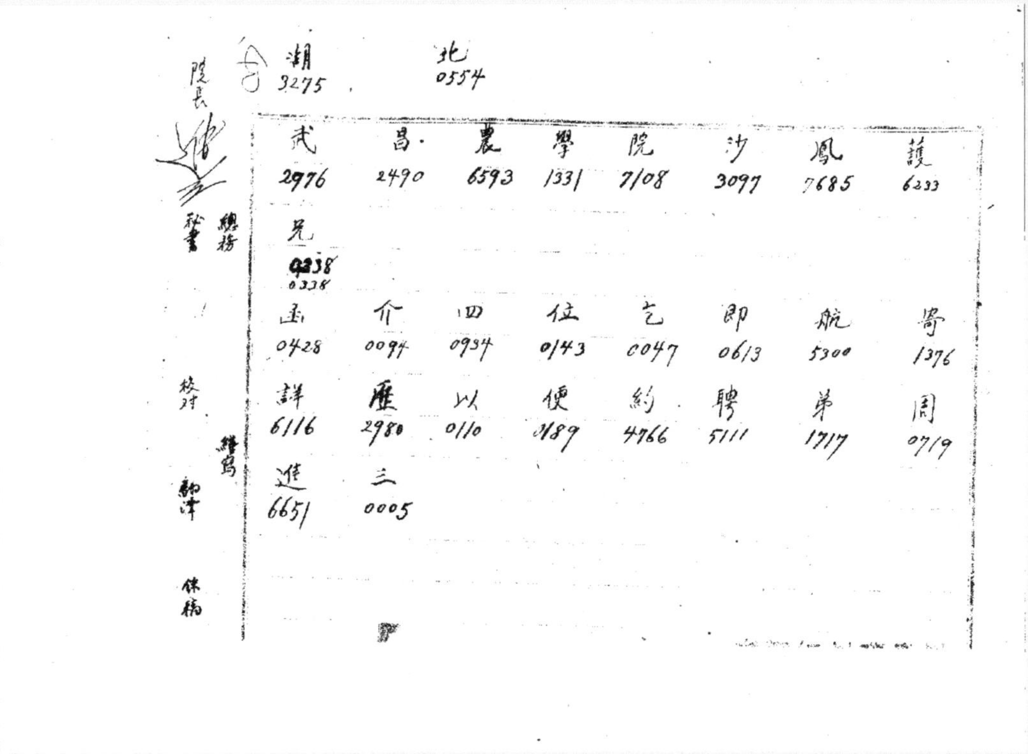

周進三向大陸各地招募學者，除了書信，也用電報。圖為電報的擬稿 -- 湖北武昌農學院沙鳳護兄：函介四位，乞即航寄詳歷，以便約聘。 弟周進三

資料來源：《省立農學院時期周進三校長相關資料》／興大秘書室文書組

又本校接收之初，僅有農藝、森林、農業化學三系暨附設農場一所、演習林三所，至卅六年八月，經周院長爭取增設植物病蟲害學系與農業經濟學系之後，本校即從原本三系擴增至五個學系，學院規模漸具。卅七年六月，專科制最後一班學生畢業後，本校始完成改制之舉。八月，周院長辭職獲准。九月，離校返鄉時，由胡兆華先生代表校友致送「興學薰陶」錦旗以資紀念。(6)

錄自《興大八十年校史稿》(7)

惜別周院長

農學院師生致送周進三院長「興學薰陶」錦旗作為紀念
資料來源:《省立農學院第二屆畢業紀念冊》(民國40年)

浙江民國人物：周進三

周進三，號亞屏，嵊縣人。早年留學
日本，先後就讀於日本成城學校、東京帝
國大學。畢業回國後，任南京國民政府農
林部濱海墾區管理局局長。後創辦臺灣台
中農學院（今臺灣中興大學），任院長、
教授。1948年，經大哥周亞衛介紹，受浙
江省政府主席陳儀之聘，回浙江工作。新
中國成立後，歷任浙江省農業廳、糧食
廳、食品公司、大觀山畜牧飼養試驗場

周進三院長
資料來源：《湯惠蓀校長逝世四十週年紀念校史
文物展專輯》(8)

（今杭州種豬試驗場）高級技師，並擔任浙江省畜牧獸醫學會顧問。
1962年退休。1980年參加民革，先後任民革浙江省委會委員、顧問。
1994年，在杭州去世。

錄自《浙江民國人物大辭典》(9)

周進三與二二八事件

周進三院長
（原附圖）

周進三，別號亞屏，中國浙江嵊縣人。
日本東京帝國大學農業經濟科畢業。1945年
12月1日，周氏奉臺灣省行政長官公署指令委
任為代表，接收原臺灣總督府農林專門學校，
後改名為臺灣省立台中農業專科學校，並擔任
該校校長。1946年，該校改制為臺灣省立農學
院，周氏轉任為首任院長。掌理該校期間，適
逢二二八事件發生，部分學生為響應抗爭因而
加入民軍行列，其中一名學生陳明忠在事件後
遭當局逮捕，經周氏代向國府軍整編二十一師
求情，得以返校繼續完成學業。

錄自《二二八事件辭典》(10)

編按：

　　民國三十六年三月二十四日，國軍整編第二十一師政治部與台中各省立中等以上學校發布聯合通告，不論有無參加「暴行」，均應速即返校。曾參加者只要自首，第二十一師保證其安全。至於曾參加共產黨組織者，完成自新手續後而不再犯，亦保證其安全。由此可見，周進三出面處理的是整個台中地區各學校學生所面臨的安全問題，並非只是針對單一學生而已。

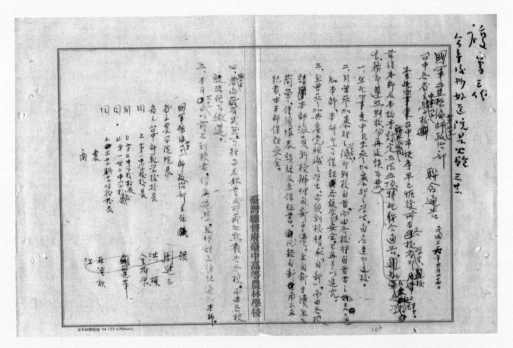

由省立農學院草擬的國軍整編第二十一師政治部與台中各省立中等以上學校的聯合通告
資料來源：《228事件與青年學生》(11)

註　解

(6) 原注：本傳承貢穀紳、胡兆華、林子玉、蔡國海、孫全鈞等教授，以及黃天久先生、周賢珍女士（周院長次女）之指正與提供相關資料。

(7) 王明蓀等編，《興大八十年校史稿》（未刊稿），頁377。本文錄自該書稿〈人物篇〉，書稿又有新、舊版本，繁簡不一，此為綴合後的版本，刪除了部分文字，並擬加標題。在歷任校長中，周進三的生平資料較少，據原注所示，本文資料來自周進三女兒與幾位農學院早期的教師，相當難得。

(8) 宋德喜主編，《湯惠蓀校長逝世四十週年紀念校史文物展專輯》（台中：國立中興大學，2006），頁9。

(9) 林呂建主編，《浙江民國人物大辭典》（杭州：浙江大學出版社，2003），「周進三」條，頁397。

(10) 張炎憲主編，《二二八事件辭典》（新店：國史館；台北：二二八基金會，2008）。周進三像為原插圖，引自國史館藏侍從室檔案，頁202。編按：原文標註之生年有誤，且缺卒年，此處刪略。

　　當時涉入事變的學生人數不少，有些學生參加二七部隊，本校也有六名，分別是：謝惠騰（農學系二年級）、張碧龍（農藝化學系一年級）、黃永昌（農學系一年級）、郭錫賡（農學系一年級）、陳明忠（農藝化學系二年級）、王明樟（農藝化學系二年級）。

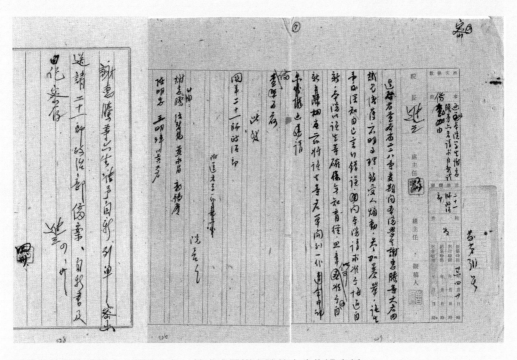

周進三院長密函二十一師政治部，請求准予謝惠騰等六生悔過自新。
資料來源：《228事件與青年學生》(12)

註　解

(11) 陳翠蓮，《228事件與青年學生：228事件檔案專題選輯》（台北：檔案管理局，2005），頁69。

(12) 陳翠蓮，《228事件與青年學生：228事件檔案專題選輯》，頁88。

謝順景,農學系農藝組畢業。

資料來源:《臺灣省立農學院第二屆畢業紀念冊》
(民國40年)

事變發生時,有些農學院學生除了保護外省籍老師,也組織糾察隊,協助維持社會秩序。校友謝順景(民國40年畢業)在受訪時即談到:「為避免受到攻擊,臺中農學院外省籍的教職員紛紛走避,學校因此停課。當時我住在臺中火車站附近林家大宅改造的學生宿舍裡,把外省籍的老師如周進三院長、于鳴冬訓導主任,及林金藻教授等人及其家屬偷偷請到宿舍裡躲避。我們將他們安置在後院內乾枯的大水溝下,並將三餐送進去給他們。大約過了一星期左右,臺中市逐漸恢復平靜,這些外省籍的老師們才回到他們的宿舍。因為臺中農學院是臺灣中部的最高學府,學生會長乃邀集留校同學共同組織『學生糾察隊』,負責維持秩序的警察工作。當時我和五位同學被分配到臺中火車站站崗,以維持秩序。」(13)

 註 解

(13) 歐素瑛,《謝順景訪談錄》,(新店:國史館,2006),頁51-52。

林一民（1897-1982）

林一民院長

資料來源：《省立農學院第二屆畢業紀念冊》
（民國40年）

林一民先生行狀
民前15.04.12 — 民國71.07.23

林故代表諱一民，以字行，江西上饒人。祖登明公，考光祥公，母潘太夫人，世代耕讀，鄉稱望族。先生兄弟四人，行次。幼而穎，氣宇不凡，村居無俗童氣，人皆讚之。父母尤謂可造，彌殷培植，因舉家遷居城垣，棄農而從商焉。

先生七歲就傅，先後從塾師蔣、鄭、王諸賢習四書五經，歷七年畢其經義，深植中華文化根基。民前二年，先生十五歲，入上饒縣立中學。翌年轉同邑信江中學，以成績冠諸生，僅半年即負笈南昌，入江西人才輩出之心遠中學。時值民國初建，軍閥割據，國步維艱，青年受國父革命思想薰陶，投筆從戎，有為者均若是。先生年僅十七，乃毅然獻身革命，棄書習劍，改入江西陸軍講武堂將校班肄業，惜甫半年，以二次革命失敗，武堂解散。翌年，先生即遠赴滬濱，就讀上海當時蜚聲之私立南洋中學，因病曾休學兩年，二十三歲始畢業於該校高中。旋自費留美深造，初入加利福尼亞州大學攻化學，翌年轉尼卜拉斯加大學化學系，工讀自給，備嘗艱辛，二十九歲得學士學位。繼續入研究院進修，越二年，獲科學碩士學位，為報效國家，即束裝返國，時民國十六年，先生三十二歲也。雖謂大器晚成，然其奮發歷程，從上饒鄉間而縣城，而省會，而上海，而放洋留美，由農家子而成學人，非鵬志自勵者，曷克臻此。迨學成歸國，廁身社會，仍以學無止境，願就教席，蓋維以教以學，冀求更進。民國三十二年於重慶中央訓練團黨政訓練班二十八期受訓，四十二年陽明山革命實踐研究院二十六期受訓，求知求進，未嘗稍懈。其治學之勤，於其生前親撰自傳中有云：「余以農家子，深知稼穡艱難，除儉約外，尤效古人焚膏繼晷、兀兀窮年之心懷，私塾如此，中學如此，大學留學，均莫不如此，至今服務教育界，仍感學猶未足」，可見一斑。

　　民國十六年夏，先生由美返國，即受聘爲上海大同大學化學教授。翌年，改就河南大學系教授兼主任。十八年，轉任國立北洋大學教授。二十一年，受聘國立北平大學教授。二十三年，改應國立浙江大學之聘。二十四年，再度返回河南大學任教。計先後擔任大學教職者已十年。迨二十六年，抗戰軍興，是年冬，開封陷日，河南大學淪入戰區，政府機關逐漸內遷，定重慶爲陪都，集中人力，長期抗戰。先生奉召入川，於二十七年元月應聘國立復旦大學化學系教授兼系主任，並兼任江蘇醫學院教授，不旋踵，即出任復大教務長。戰時後方，物質缺乏，先生儉約成性，甘之如飴。迄抗戰勝利，復員上海，遷校佈新，艱苦備嘗。三十六年八月，奉命出任國立中正大學校長，時正大廬山永久校址尚在籌議中，戰後暫遷校址於南昌城外望城崗。先生二十載教學，託跡四方，此番重返家園，敬恭桑梓，尤以江右本文章節義之邦，大學尊民族領袖之名，戰時初創，勝地絃歌，鬱葱佳氣，青年奮發，先生任職其間，倍殷振奮。翌年，並膺選爲第一屆國民大會代表。未幾，赤禍囂張，大陸板蕩，三十八年四月，共匪渡江，南昌撤守，先生倉皇走避，僅以身免，顚沛流離，間關至穗，幸與教育部人員會合。旋奉命來臺，於三十八年六月四日，自廣州搭華聯輪經香港抵臺，同行多民意代表。

　　抵臺之初，派就國立編譯館編輯，嗣改就臺灣省立農學院教席。三十九年九月，奉命接長該院（按即今之國立中興大學前身），迄四十三年八月卸任。翌年，奉先總統　蔣公命，出任陸軍軍官學校教務長，三年任滿，受聘成功大學教授。四十八年，接任正中書局總編輯，兼師範大學化學系教授。五十年起，專任師大化學系教授兼系主任，繼兼理學院院長，迄民國六十一年元月，年屆七十六，於理學院院長任內及齡退休。惟終其身，仍任光復大陸設計研究委員會委員及國民大會代表。

林一民院長授予學生畢業證書

資料來源：《省立農學院第二屆畢業紀念冊》
　　　　　（民國40年）

林一民院長參加謝師宴

資料來源：《省立農學院第二屆畢業紀念冊》
　　　　　（民國40年）

林一民接任院長後的首次畢業典禮合影

資料來源：《省立農學院第二屆畢業紀念冊》（民國40年）

先生生於民前，長於民後，時值革命思想瀰漫青年腦海，由是對於救國救民夙懷大志，尤以弱冠以後，由滬赴美，深知唯三民主義最能適合中國國情，唯中國國民黨最能秉持中華道統，遂於民國十一年留美期間，經余井塘、吳南軒兩位先生介紹，在舊金山入黨。回國之後，先後歷任復旦大學三民主義青年團直屬分團幹事長，江西青年運動委員會主任委員，本黨中央候補執行委員、中央直屬第三知識青年黨部主任委員、中國青年反共救國團直屬省立農學院支隊長。其主持黨團工作，莫不秉承上級決策，澈底奉行。尤以任教河南大學期間，以學者身份批判共產謬論，深獲當局重視；及任職復旦大學時期，與左傾教授二十餘人及共黨職業學生數百人，激烈鬥爭，雖心身交瘁，從未稍懈，中央特予嘉勉。在戰時重慶，曾發動「二二二」愛國運動，領導知識青年反共保國；在正大校長任內，亦曾一次開除匪黨職業學生十餘人，學潮因而平息。[1]先生素性嫉惡如仇，忠奸不兩立，我匪不併存，出於真如，堅如磐石，精神所至，大義凜然，忠黨愛國之心志，八十年如一日，堅貞洵勝常人。晚年退休以後，日常居家觀看電視，每聞播奏國歌，必定恭立機旁，兒孫苟有不隨者，立受斥責。近數年學生校友聚會，請其訓誨，不論主題為何，對於美國之聯匪行為，必定連篇痛罵，怒形於色。

遇事堅持原則，亦為先生之天性，平生與親友交，即常見其憨直之性情，如有不義之人，悖理之事，必口誅筆伐，無稍寬假，從不鄉愿，心口如一，不存機詐。深交者尚能體察，泛泛者則每滋誤會。似此性格，以立身言，擇善固執，無愧我心；以處世言，拒人千里，人何以堪。先生於此，非不自知，曾於自傳中提及：「我已無形中開罪不少人，此為我之優點，亦為我之缺點。」

先生淡於名利，順乎自然，個人利害不事強求。由於早歲隻身留美，工讀八年，養成勤勞儉約之習性，與乎情操廉潔之至德，故服務社會以來，或從事教務，或主持行政，無論管教學生、整頓學風、改進教學、整理環境，以至增建校舍、擴充設備，靡不加意策劃，唯誠唯廉，期於至當，用能風清弊絕，績效昭彰。尤足稱者，在於學問課業之認真探求，先生素研有機化學，近代新知，層出不窮，總能多方探索，遍覽新書，竭力理解，迅速吸收，或黎明即起，或深宵不寐，未嘗以行政而疏學問。抗戰期間，曾發明製鹼新法，有助於當時化學工業之發展。職是之故，對於課業講授，更無怠忽

註 解

(1) 關於林一民在中正大學校長任內，中共與親共分子煽動學潮的情形，當時任職於國民黨江西省黨部的黃乃隆有一些觀察和批評，本書下文有引錄，詳參《憂患的歲月》（台中：作者自印，1996），頁211-214。

，教學方式則重在啓發，使化學課程，不淪枯燥，先生自詡趣味橫生，不覺其苦，學生自更樂於聽講，深於受益。

先生氣度軒昇，少年之壯，人嘗以美男子羨之；老年則鶴髮童顏，紅光滿面，足見身軀素健。稀齡退休之後，家居閒適，樂敍天倫。六十七年間，其夫人吳錦雯女士突患肝癌，先生伉儷情篤，心情大受影響。夫人逝後，先生以膝部關節酸痛及輕度糖尿病，逐漸不良於行；其間又因夙昔在滬與共匪職業學生鬥爭時期，頻遭威脅恐嚇之陰影，蓄積而成之焦慮症，精神恍惚，時發時愈。幸有嗣君來安伉儷及諸孫承歡膝下，時加慰藉，尤以子媳之日夜守護，晨昏盡瘁，爲時下社會所僅見者，先生亦深感欣慰。客歲十一月二十日，先生午睡逾時未起，來安伉儷發現，急送三軍總醫院，因昏迷不醒，轉就加護病房急救，歷十日方見清醒穩定，診爲糖尿病兼心肌衰弱，繼續轉入公保病房調治；約兼月，病況原已輕減。詎意今年二月突發便血，經詳細檢查，竟患胃癌，幾度研究開刀治療，均因糖尿等體況不宜，醫師堅稱不可。此後全賴管道注射及不時輸血，以維體力，先生未覺痛楚，家人亦免實告。來安伉儷除覓請特別護士看護外，亦復躬親更番輪替病榻陪侍，子孝媳賢，人稱難得。只是癌病無方，回春乏術，延至今年七月二十二日晚十時，發生呼吸急促，情況危殆，雖經切喉急救，終告罔效，二十三日清晨零時三十分，與世長辭。

先生生於民前十五年四月十二日，卒於民國七十一年七月二十三日，享壽八十有六。生前忠黨愛國，勛績垂型，曾因奉命爲陸軍官校規劃採行新制，榮獲先總統 蔣公頒授陸軍甲種景風獎章及陸海空軍光華甲種二等獎章。而畢身從事教育足四十年，桃李滿園，功垂不朽。親友門生特公推國民大會秘書處會同各大學旅臺校友會，組織治喪委員會，共襄大事，並將呈請政府核准於殯葬之日覆蓋國旗，以慰公靈。(2)茲已擇於九月十日，爲先生卜葬於臺北縣八里鄉觀音山龍形墓園，伴隨夫人合穴安息。

先生有子二女一，長子來安，畢業海軍官校，退役後任職造船廠，嗣調經濟部國營事業委員會，任職迄今。次子資深，美國麻州大學經濟學碩士，現任職波斯頓，擔任新英格蘭電子公司電腦部門主管工作。女綺霞，在美修習農業化學，獲營養學博士學位，現隨夫婿服務於加拿大。滿門優秀，卓然不羣，且均成家立業，花果芬芳。先生福全德備，功垂壽至，今日歸眞天上，應無遺憾人間。祇是河山待復，赤氛未靖，公靈不昧，當能冥助反共大業，早底於成也。

關於林一民的回憶二則

黃乃隆

黃乃隆，時為圖書館主任。

資料來源：《省立中興大學民國53年畢業紀念冊》

（一）

　　自農學院至中興大學長達四十二年的漫長歲月中，我先後共事的院、校長，恰好十位，稱得上是「十朝元老」。……十位院、校長中，我比較推崇的為：林一民、湯惠蓀、劉道元等三位；其中林院長為舊識，湯、劉兩校長在「興大」共識後才認識的。……

　　林院長，江西上饒人，留美，化學家。曾任國立復旦大學教授兼教務長、國立中正大學校長，卅九年應聘來台灣省立農學院任農化系教授兼教務主任。儀表雍容，幾許銀髮將紅潤的額頭裝點得容光煥發，他的友好戲稱他為「小蘋果」。我們第一次見面，是他在南昌市任中正大學校長時一個會議席上。記得他穿著一襲雪白的夏布長袍，笑容可掬，顯得十分儒雅，正所謂「望之儼然，接之也溫」。

　　林院長辦學，極為認真負責，事必躬親。任農院院長時，建立了嚴格的點名制與考試制。規定每一節課由教務處派員點名，並按日將曠課學生名單公佈，曠課三次，扣學期總成績一分。考試則集中在禮堂舉行，交叉編座位，除教務處派員照料考場，協助監考外，授課老師須親自監考，並須簽到。林院長也經常親自到考場巡視。違規學生除試卷作廢外，並予記過處分。實施之初，曾遭部份教授反對，學生不滿，但他十分堅持，不為所動。平心而論，以台灣當時正值動盪不安之際，這兩項措施，對培養勤學的校風而言，收效甚宏。

註　解

(2) 周邦道的〈輓林一民先生〉云：「以堅貞果斷爲懷，威欽健者；於否塞晦盲之會，太息槃才！」《江西文獻》，第110期，1982.10，頁55。

(3) 《國史館現藏民國人物傳記史料彙編（第1輯）》（台北：國史館，1988），頁239-244。

民國43年（1954），農復會官員來訪，與農學院師長合影，穿著深色西裝者即林一民院長。
資料來源：金石堅先生提供

　　林院長任內，也羅致不少的知名學者來院任教，如吳南軒、溫崇信、尹樹生、張研田、鄒豹君、楊公達、程兆熊、徐佛觀、魯實先，閻若珉、周邦道、李慶麐等，都是學界一時之選，教授陣容大為加強。其中吳南軒曾任國立復旦大學校長，楊公達曾任國立英士大學校長，加上林氏本人曾任國立中正大學校長，一個學院同時有三位國立大學校長任教，一時傳為佳話。

學生集中在禮堂內考試的情景
資料來源：《省立農學院第二屆畢業紀念冊》（民國40年）

林一民院長及教師們與畢業生合影
資料來源：《省立農學院第三屆畢業紀念冊》（民國41年）

　　林院長也曾積極進行將農學院升格為大學，除親自向省政府、教育部提出申請外，並由教授會推派代表向教育部等單位呼籲。惟當時國家財政困窘，政府遷台後，以發展經濟，及整軍經武為首要，實無餘力發展高等教育，致未能如願以償，惟因此引起有關當局對此一問題的注意。

　　我那時任課外組主任兼院刊主編，他每次應外界邀請作一般性講演或應景文字時，都命我代為操刀，從不假手他人。我們對許多問題的想法常不謀而合，彼此甚為契合。我也因此逐漸瞭解他，發現他的最大弱點是：易為諂佞的小人所包圍，常被欺矇而不自知，致容易招致誤會，引發無謂的紛擾。我十分厭惡他身邊一小撮曲意阿附，播弄是非的人；他們對我也視為眼中釘，欲去之而後快，因而我與林院長之間漸行漸遠。日久之後，遂發生歧見。我一怒之下，提出辭呈，另覓出路。他才警覺到事態的真相之後，堅決不讓我離去，一再表歉意，熱忱感人。我也不再堅持己見，一場誤會為之冰銷。我建議他多聽多看，不可偏聽，兼聽則明。他不失為性情中人，有著濃厚的書生本色。經此小小風波後，我對林院長有更深一層的認知。不久，那位多事的同仁，他調離職，院內從此天下太平了。可惜林院長只在任三年便離開農學院，不然，必有更多的貢獻。

（二）

　　青年團正式併入國民黨是在卅六年十一月，依規定，黨中央成立「青年部」，以取代中央團部；省市黨部成立「青年運動委員會」，以取代支部；縣黨部設青年股，以取代分團部。各團部主管轉任各級黨部副主管。至於職員，大量精簡，僅留下少許轉至黨部任職，其餘則轉業或遣散。……「青年運動委員會」是新增的機構，顧名思義，是接替青年團的主要業務。主委由國立中正大學校長林一民兼任，……

　　民國卅六年以後，中共已公開全面叛亂，東北、華北，乃至西北，國共雙方軍事衝突日益嚴重。政府忙於準備召集國民大會，辦理國大代表，立、監委選舉。而國民經濟與財政金融日趨惡化，社會不安，學潮洶湧，局面至為險惡，危機四伏。中正大學的中共與親共分子十分猖獗，不時煽動學潮，少數學生曾包圍林校長的寓所，揚言要把他驅逐出校，他嚇得避居南昌市內。林氏雖兼青運會主委，卻不親自處理會中公文，由副主委代拆代行。而周副主委（周祥）忙於自己的事務，每週只到會二或三次，看完公文便離去。正大每次有緊急情況時，林校長必來求助於黨部協助處理，多由詹副主委（詹純鑑）出面邀請省黨部有關主管開會共商對策。我每會必到，提供資料，作會議記錄，及會後奔走協調，備嘗艱辛。正大於抗戰勝利後，自雩都遷南昌近郊萬壽宮附近的永久校址，距市區約十餘華里，有公路相通。校舍除部份新建者外，利用該處軍營營房加以修葺及擴充，頗為侷促。當時，受全國學潮影響，該校亦不時發生動亂，除以反內戰、反美、反飢餓等政治訴求外，有時也以不滿校政為訴求。在黨團未合併前，該校設有分團部隸屬中央團部，領導有人，學潮較易控制。合併之後，團部組織瓦解，領導乏人，即陷於混亂局面。省青運會則心餘力絀，鞭長莫及。加以林校長膽小怕事，束手無策，使好事學生更為囂張。「黨團合併」失策，終於証實了。

錄自《憂患的歲月》(4)

　　註　解

(4) 黃乃隆，《憂患的歲月》，頁211-214、416-418。

林一民院長相關剪報

省政府正式發表 林一民長農學院

一九一八年至一九二〇年在美國加利福尼亞大學研究兩年，旋又獲美國卜拉斯加大學碩士學位，返國後，曾歷任大同，河南，北平，浙江等大學教授，復旦大學教授，化學系主任教務長，及國立中正大學校長等多年，三十八年八月任臺灣省立農學院教授兼教務主任，三十九年六月前任院長李亮恭因故停職後，林氏兼代院長迄今，日前當局發表命令，正式派林氏為該院院長。

省政府正式發表　林一民長農學院

當局頃已訊正式發表林一民氏接任省立臺中農學院院長，按林氏今年五十四歲，江西上饒人。（圖為林一民氏）（本報訊）

資料來源：《民聲日報》，民國40年5月29日，四版

林一民院長任內關於省立農學院的報導

資料來源：《民聲日報》，民國42年7月20日，四版、八版

臺灣中部最高學府　臺灣省立農學院

　　離市區約二華里的地方，雖然沒有名山大川，但有壹座整潔而雅緻的校舍分佈于一片綠野平坦的田野間，那校舍就是我自由中國培植農業專門人才著名的學院——臺灣省立農學院。

農院的前身早在民國八年日據時代創立于臺北，後一度併入「台北帝大」，卅一年復從「帝大」分出改為「高等農林學校」，並自台北遷來台中現地，光復後改為「省立台中農業專門學校」，由周進三先生擔任校長。卅五年秋改組為獨立學院，改科為系，初僅農藝系、森林系、農化系，卅六年奉令增設植物病蟲害系及農業經濟系。卅七年，由李亮恭先生繼任院長，四十年五月，再由林一民先生繼任該院院長，以迄至今。

農院的設備本有很好的基礎，尤以森林系為最充實，絕非國內各大學的森林系所敢比喻。該院圖書館的藏書已達五萬卷，農院為了原有館址太小，已計劃于暑假期內建築新的圖書館。這個師生翹盼已久的願望很快就可實現了。農院各系與臺灣其他大專學校一樣都按照教部頒訂的標準，均須讀完四年修畢全部必修科目，及滿一百三十二個學分才能畢業。同時利用寒暑到省屬各試驗所研究機構實習一個月，成績及格後，才能參加考試。

農院由於環境的清靜，人才薈集，和設備的完善，所以學術研究風氣相當濃厚，而且合作成績甚佳。如去年寒暑假，農復會委託該校農經系先後舉行臺灣中部農家生活競賽，曾動員師生百餘人，深入窮鄉僻壤，因工作認真，成果豐碩，深獲農復會當局所讚揚。至於出版物方面，現有定期出版的《農林學報》和《院刊》二種。

農院現有教職員一六八人，學生七一八人，以農經系學生最多，植物病蟲害系學生最少，寄宿生在四年以前絕無而僅有，現在已佔全院學生三分之一，如下學期新宿舍落成，則可超過全院學生總和二分之一。

現任農院院長林一民先生，是一位從事教育工作凡數十年之久，他在美國尼卜拉斯加大學獲得化學碩士銜，回國以後擔任浙江大學、河南大學教授，及復旦大學系主任，以至於教務長、訓導長，並歷任中正大學校長等職，林氏雖已逾五十，但精力充沛，不亞于朝氣蓬勃的青年，他是一個最怕熱的，在每次演講時就可看出他這種情形。林氏辦學素以「嚴」著稱，並曾對筆者說：「嚴格就是求真踏實，要使學生具有真才實學，必須趁他們年青時施以嚴格的知能教育與生活訓練，將來才能成為國家有用的人材」，因此他對於學生的生活訓練與「人格」教育特別重視，他並且說，大陸的失敗就是疏忽了這一點。

林氏接長農院以來，不斷在充實設備，擴充校舍，培養學術研究風

氣，加強學生生活與性格之訓練。三年來，已添建了男女宿舍、膳廳、教室、實驗室、教職員宿舍等十餘棟，添購圖書已超過一萬卷，並補充大批試驗及實習儀器，改善農場經營，提高學生程度，加強實習工作，建立嚴密而完善的考試制度，以及鼓勵學生參加有益的課外活動，提倡國語，設置救濟基金等措施。

農院學生的課外活動，雖然不算沉寂，但亦不夠高潮，學生團體包括男女生已有拾餘個，大部分側重學術研究方面，全院性的歌舞團、話劇團等，至少每學期要舉行一、二次，大規模性質的晚會大都配合各種紀念日，祇要有一個紀念日的來臨，各社團都活躍起來，男女同學都弄得團團轉，非常起勁。但過了這一天，大家又各鑽到試驗室或圖書室裡去了。

總之，農院很像是農村裡的一個大家庭，同學間相親相愛，克勤克儉，他們都以反攻大陸復興農村為他們的唯一責任，筆者在此寄望農院日益發達，爬上第一流學府的地位，並為它的前途祝福，更為新中國的前途慶幸！

《民聲日報》，民國42年7月20日，八版

林子玉（1925-？）

林子玉，時為森林系講師。

資料來源：《省立中興大學民國52年畢業紀念冊》

五十一年的回憶　　林子玉
民國14.07.28 —？

　　林子玉，臺灣省彰化縣人，民國14年7月出生於鹿港鎮。日據時代（民國33年4月）考入臺灣總督府立臺中農林專門學校林學科就讀，至民國34年10月臺灣光復，班上27名日籍同學陸續被遣送回國，以後即與老師面對面上課。民國36年6月8日，畢業於臺灣省立農學院舊制專門部林學科，隨即10日被派任臺灣省立農學院森林學系助理研究員，輔助教授之教學研究工作。

民國38年（1949），臺灣省立農學院能高林場成立紀念合影。

資料來源：興大校史館

　　民國37年8月，改任森林學系助理，並兼任演習林（現實驗林管理處）技術員，除輔助教授之教學研究工作之外，兼辦演習林之業務。民國38年，臺灣林政機構改組，原屬於臺灣省政府農林處之第三模範林場，核准并入臺灣省立農學院為演習林，屆時奉派為該機構之點收移交工作。至民國38年8月1日，於埔里鎮原第三模範林場，改組成立臺灣省立農學院能高林場（後改稱爲惠蓀林場），同時被改聘為森林學系助教兼實驗林管理處林產組主任，兼辦實驗林之森林資源調查、林產物處分業務、伐採跡地之復舊造林、森林保育與保護工作，從事實地工作之經驗，對以後之教學研究工作具有莫大之幫助，受益不淺。

民國40年左右，林子玉（左一）與農學院的同事們在椰林道上合影。前排坐者由左至右為林寶樹、林坤茂、林碧滄、陳茂詩、洪恣河。

資料來源：興大校史館

　　於民國42年8月離開實驗林，專任森林學系教學研究及實習。至民國63年8月，再出任實驗林管理處處長之職。在此期間升任講師、副教授及教授，擔任森林經營學、森林測計學、森林評價學及林業統計之課程之外，從事基礎研究，發表數篇論文（參閱著作目錄），申請中國農村復興委員會（後改組為農發會，再改組為農委會）、國家長期科學發展委員會（後

改組為國家科學委員會）經費資助，前後三次赴日本農林省林野廳林業試驗場經營部及東京大學農學部林學科深造，專攻森林調查技術、森林經營及評價、森林統計學等學科，於民國62年3月，獲得東京大學農學博士學位。

又向中國農村復興委員會，改組後農業發展委員會，改組後國家科學委員會申請專題研究計畫補助經費，陸續從事研究工作，其報告參閱著作論文目錄。

屆時在林務機關計畫實施第二次森林資源及土地利用全面調查計畫，為配合該計畫之實施，於民國55年開始接受臺灣省林務局之委託辦理合作計畫，編訂臺灣主要經濟樹種及造林樹種之材積表、林分收穫表、預測表等各種資源調查求積及查定生長有關表類，提供調查上之需要，有關報告請參閱著作目錄。

林子玉擔任實驗林管理處處長（任期1974-1983年）

資料來源：興大校史館

自從接任實驗林處處長之後，鑑於中興大學所屬實驗林場經過數次颱風之為害，破壞林相，或餘留伐木跡地尚未造林面積頗多，必須實施林相改良或變更，以及跡地之復舊造林之需要，但受限於政府以林養林、自給自足之制度，林場經費之來源不足，無法籌措其經費，乃須向有關單位請

求資助，始得從事復舊造林。因此，先向臺灣省政府林務局申請造林貸款，用於復舊造林及既往造林木之培育與撫育工作之經費。次向臺灣省林務局及農委會、山地農牧局申請補助新化林場水源涵養保安林之林相變更、林相改良及水土保持工程等經費完成工作，始得有今天水源涵養功能之發揮。惠蓀林場咖啡園位於蘭島溪兩側，民國59年8月，葛樂里颱風來襲，豪雨沖毀了河床及林地，爾後每遇豪雨便四處泛濫，為保存完整的咖啡園，乃爭取臺灣省林務局的補助，在該處建造一座攔砂壩，目前已發揮良好的治山防洪功效。

森林經營應有完善的資源資料及森林經營計畫，始得實施正統的森林經營管理，故於民國66年由農復會補助經費，與臺灣省林務局航空測量隊技術合作，實施惠蓀及新化林場之資源調查，並編訂森林經營管理計畫，提供爾後經營管理依據。其他有關林木撫育等育林技術方面之研究計畫，承蒙農復會或農發會補助經費，每年實施合作計畫少者一、二項，多者三、五項，始得能盡力完成森林培育、撫育與保護等作業，充分發揮森林之功效。

森林之經營受時代的潮流、社會形態之變遷及人口增加壓力等之衝擊，因此森林經營管理的方針也不得不予以改變。而生產木材供應社會雖可滿足社會需求的觀念已過，現轉變森林之功能為公益功能，不能以生產木材為經營方針，因而實驗林之經營型態亦應適應時代的潮流，改變經營方針之必要。故今後實驗林之經營，兼顧經濟來源、森林生態及環境維護原則下，認為應該走向發展森林遊樂事業之需要。但發展森林遊樂必須有龐大建設資金，依目前實驗林之財政狀況，發展森林遊樂是不可能的事。經過一段時間的考思，則決定向交通部觀光局交涉，請給我們一臂之力，補助各項設施。

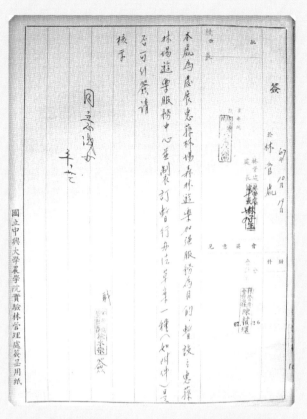

民國67年（1978）10月，林管處為發展惠蓀林場森林
遊樂區，暫設遊樂服務中心並制訂暫行辦法之簽呈。
資料來源：《惠蓀林場百年風華史》(1)

民國68年（1979）1月，省政府主席林洋港（前排右三）由
羅雲平校長（前排右四）陪同，視察惠蓀林場，並指示教育
廳於69年編列經費，協建林場第二實習館。
資料來源：《惠蓀林場百年風華史》(2)

在此之前，先行向臺灣省政府請求撥出道路拓寬經費，經當時省主
席林洋港先生之同意，撥出拓寬梅子林至林場雙線道路，而暢通連外道

路。有此道路拓寬之完成，觀光局即答應逐年補助惠蓀林場之規劃、基本設施以及國民旅舍設計及建築費用。並自民國65年核准撥給遊樂區規劃經費，委託中華林學會規劃中心進行測量與規劃，於民國67年2月完成，提出規劃報告。又於民國70年撥出經費辦理細部規劃，經委託欣德工程顧問有限公司承辦，於民國71年12月提出森林遊樂區細部規劃報告。嗣後觀光局依據此兩項規劃報告，逐年撥款補助各種遊樂設施，特別是安全設施、停車場或道路、步道開闢維護費用，並在中部各交通要道設立指示牌引導遊客。至民國73會計年度預算通過撥款新臺幣參仟萬元，在松風山區建造國民旅舍一處，並與臺灣省公路局等有關單位協調，同意由公路局主導設計林場與連外道路間之道路拓寬計畫。

民國70年（1981）9月完工之小型國民旅舍
資料來源：《惠蓀林場百年風華史》(3)

　　歷任九年之實驗林管理處處長，於民國72年7月31日卸任，再回到森林研究所從事教學研究工作，脫離行政工作。至民國84年8月1日，屆齡奉准退休，承蒙各位同仁的諒解，再繼續以兼任教授，擔任森林經營學及森林

評價學四個小時之授課，繼續服務母系。在此期間，承蒙各位同仁及馮豐隆老師共同主持合作研究計畫，獲得良好的績效，其報告請參閱著作目錄。

於民國77年12月，自臺北歸抵臺中途中，發覺左眼異常，隨即往榮民總醫院臺中分院門診，發現罹視網膜剝離，雖經三次大手術，仍無法挽救，終於左眼失明。再於民國80年3月9日，內人罹絕症辭世安息，給我一大打擊，一時喪失意志，幸好周圍親朋戚友之鼓勵與勉勵，逐漸恢復大半的元氣，重新從事各種工作。

服務學校49年間，擔任森林測計學、森林經營學、森林經理研究法、森林評價學及林業統計等課程之外，已發表論文六十餘篇；編著森林測計學教材，於民國76年6月榮獲教育部75學年度講義類獎狀，並於同年教師節獲得服務屆滿四十年資深之優良教師獎。四十餘年如一日，教學研究之餘，常參與各種學術活動及林業發展工作，如參加政府主辦之有關森林法規之修正、森林法之修訂等，常出席有關政策及法規之制定或修改會議，或參加全省性育林督導團。自民國62年起，連任中華林學會理事至今，民國73年至77年，連任臺灣省林業試驗所評議委員，在國內林學、林業界頗為活躍。民國78年12月，〔因〕歷年學術界之活躍表現，並主持「國有林事業區經營計畫綱要及工作規範」之研議工作等事蹟，榮獲中華林學會學術獎。其研議工作成果綜合編訂《國有林事業區經營計畫綱要解說》，於民國80年6月由農業委員會出版，提供有關人員之參考。於民國79年12月，被選為國立中興大學森林學系傑出系友。

註 解

(1) 楊桂彬編著，《惠蓀林場百年風華史（1916-2016）》（台中：國立中興大學，2016），頁181。

(2) 楊桂彬編著，《惠蓀林場百年風華史（1916-2016）》，頁184。

(3) 楊桂彬編著，《惠蓀林場百年風華史（1916-2016）》，頁197。

1995年，林子玉（中）前往日本參加榕畔會（本校前身台灣總督府農林學校的校友會），
左為當年的日籍教師金兵忠雄。

資料來源：興大校史館

　　回憶51年之歲月，培育之人才，對臺灣林業之發展有重大貢獻，部分
研究成果受到林業、林學界之肯定，引導林學、林業相關研究之進步與發
展，感慨無量。這些都是平常各位林學、林業諸先輩，及各位系友同仁之
指導與鞭策，深表謝意！

林子玉撰書

1995年8月

錄自《中興大學實驗林研究彙刊》第17卷第2期 (4)

註　解

(4)《中興大學實驗林研究彙刊》，第17卷第2期（林子玉教授紀念專刊），1995.9，頁3-6。著作目錄在頁7-
　　12，此略。

向林師子玉致敬

歐辰雄、呂金誠

歐辰雄，森林系畢業。
資料來源：《省立中興大學民國55年畢業紀念冊》

　　林教授子玉，是一位我們所敬愛的老師與長者。民國36年自母系畢業後，因成績優異，留任母系，並歷兼實驗林管理處處長等多項職務。林師長達近五十年的教學生涯，相信不但在母校或在全國均應屬鳳毛麟爪，桃李盛開，培育出了眾多的林業菁英。林師專精於森林測計、森林評價及森林經營等領域，曾多次前往日本進修，引進許多森林測計、評價等之新觀念，致力編定臺灣各重要造林樹種收穫表，同時更積極參與推動各項林業活動，對臺灣林業的長足進步貢獻良多。

　　林師對後進之提拔與愛護不遺餘力，對系友會業務更戮力以從，曾任系友會多屆理事主席，母系系友會能有今日之規模，林師之功不可沒也。林師由於長期負責母校實驗林管理處各項業務，對林管處尤為情有獨鍾，惠蓀與新化二林場能有今日之規模，實賴林師之高瞻遠矚與調鼎各方，方得以蔚為今日之盛況。

呂金誠，森林系畢業。
資料來源：《國立中興大學民國68年畢業紀念冊》

　　今年8月1日，林師奉准屆齡退休，系所處同仁與各方系友、林業界，咸認應有實際之行動向林師表示敬意，爰有本期紀念刊之編印。

森林學系所主任　歐辰雄
實驗林管理處處長　呂金誠
謹識

1995年8月

錄自《中興大學實驗林研究彙刊》第17卷第2期

林致平 (1909-1993)

林致平,省立中興大學校長
(民國50-52年)。

資料來源:興大校史館 / 翁碧玲女士提供

林致平先生生平

民前03.08.22 — 民國82.02.22

　　林院士致平先生,江蘇無錫人,中華民國前三年七月七日生於原籍,為當地望族。先後在無錫、南京完成中、小學教育,資敏學勤,夙為師長、鄉前輩贊譽。民國二十年,自國立交通大學土木工程系畢業,留校任助教三年;二十三年,考取中英文化基金會庚款獎學金,赴英國倫敦大學深造。二十六年,獲航空工程博士學位,時值抗日戰爭軍興,先生愛國志切,簡裝遄返國門,期以書生科技報國,卒不負素志,獲四川大學敦聘並任空軍機械學校高級班主任。二十九年冬,奉調航空研究院結構組組長,潛心研究,以創作獲教育部頒贈一等獎。

　　抗日勝利之翌年,先生奉派以訪問學者身分赴美國加州理工學院研究,得與國際學者名流相切磋,學術益精進。三十七年返國,調升航空研究院副院長,時值國內情勢驟變,先生負遷院重責,備極艱辛,終於三十八年初率人員、裝備安抵臺中市,完成任務。

　　四十一年,先生奉令主持空軍航空研究院,篳路藍縷,艱苦克難,終獲安定。自是迄四十九年春,先生以學者風範,領導院務,一方面以身作則。鼓勵後進從事研究,一方面循正當途徑,改善同仁生活,使員工安於職位。全院同仁和睦相處如家人,通力合作,不特業務推展,卓然有成,且奠下其後國內航空工業發展宏基,功在國家。

　　民國五十年,先生長中興大學首任校長,首創國內應用數學系。迄五十二年辭職再轉任中央研究院數學研究所所長,雖為時短暫,然對國內教育之改革理念,猶使識者感佩。

興大舉行林致平紀念會

（徐慧鈴／中市訊）中興大學第一屆校長林致平，是我國應用數學與彈性力學泰斗，今年適逢他九十歲冥誕，中興大學昨日為他舉辦紀念研討會，邀請到五位中央研究院院士演講應用數學、機械航空、土木等最新發展，展現中興大學在數理力學的學術實力。

今年是林致平九十歲的冥誕，一群應用數學力學學者、科技人士為紀念林致平，共同籌備這次「林致平紀念研討會──應用數學與力學」，並為林致平浮雕銅像舉行揭幕式（見圖。徐慧鈴攝）。

林致平校長90歲冥誕，興大舉行林致平紀念研討會。

資料來源：《中央日報》，民國87年7月14日，第10版。

資訊科學大樓的致平廳與林致平校長銅雕。

資料來源：蔡宗憲攝影（2022）

先生以研究創作為畢生志趣，尤長應用數學；治學嚴謹，鍥而不捨，發表論著，蜚聲國際，因獲教育部第一屆理工獎，並於四十七年膺選為中央研究院院士。四十八年榮獲其母校倫敦大學授予科學博士學位，以表彰其在彈性力學及應用數學創作之特殊成就。五十三年先生應聘美國維琴尼亞理工學院數學系教授，以其國際學術地位，教而不倦精神，深得同仁學生愛戴。迄七十三年退休，仍備受學校禮遇，繼續其研究著作。在美期間曾獲紐約中國工程學會致贈科學成就獎，表揚其在工程應用上功績。二十年來，先生雖身在國外，對國內學術發展及舊識仍備極關懷，每逢中研院院士會議，必摒擋一切，返國與會，提供建言，抽空與故舊聚敘，並受聘在各大學講學，傾其所學，期得傳人。

民國二十七年，先生與藍佩珍女士結婚。林夫人與先生同籍無錫，系出名門。婚後伉儷情深，育二子，長公子林庸，次公子林康；夫人相夫教子，並任教職，賢慧端淑，家庭美滿，閭里稱羨。尤者，先生夫婦、二子均具博士學位，一門四傑，分別在數學、教育、物理、化學諸領域各有成就。兩公子均已結褵多年，子孝媳賢，男、女孫各三人，俱敏慧。

先生一生為人耿直，寧靜淡泊，奉公守法，律己甚嚴，待人寬誠。尤重倫理而卑功利；歷任要職，乃實至名歸，絕不營求。其為學，求真求善，數十年如一日，怡然自得，樂在其中；發表論文，都二百篇，其重要者，先後由中研院數研所及維州大學彙印二冊。(1)其誨人也，不分中外，傾囊相授，先後執教於川大、東海、交通、清華、台大及維州大學，桃李滿門，授者諄諄，受者感恩。惡耗傳來，故舊門生，莫不哀痛。一代宗師，從此永別。爰即成立林院士致平先生追思委員會，擇期悼念，同祈先生在天之靈，永得安息！

錄自《國史館現藏民國人物傳記史料彙編（第25輯）》(2)

註 解

(1) 林致平先生科學論文集．*The Collected Papers in Elasticity and Mathematics*, Taipei: Institute of Mathematics, Academia Sinica, 1963-1979.

(2) 《國史館現藏民國人物傳記史料彙編（第25輯）》（台北：國史館，2001），頁168-170。

林致平校長相關剪報

省立中興大學昨日正式成立
林致平校長到職視事

省立中興大學成立，首任校長林致平到職視事。

資料來源：《中央日報》，民國50年7月2日，四版。

有感於中興大學事件

林致平校長辭職事件社論（一）

資料來源：《中央日報》，民國52年4月1日，二版。

再論中興大學事件

林致平校長辭職事件社論（二）

資料來源：《民聲日報》，民國52年4月11日，二版。

省府調查結果 林致平校長 無違法情事

【本報臺中二十一日電】省立中興大學校長林致平被該校教職員二十九人聯名檢舉違法舞弊案，荼經省府於今天正式澄清，經派員調查結果，認定林校長並無違法失職情事。

據悉：林氏之所以出任中興大學校長，原由政府向中央研究院借調，而他本人亦至盼重返中央研究院工作，因借調日期至本月底即將屆滿，故本人亦甚堅。省府現正愼囑物色適當人選，以資接替。按林致平氏原任中央研究院數學研究所所長，為我國著名數學家。

省府調查結果，林致平校長無違法情事。
資料來源：《中央日報》，民國52年4月22日，四版。

林致平被控貪污案 致廳發表調查報告

林致平被控貪污案調查報告（一）
資料來源：《中央日報》，民國52年4月24日，三版。

林致平被控貪污案 致廳發表調查報告

林致平被控貪污案調查報告（二）
資料來源：《中央日報》，民國52年4月24日，四版。

林致平返臺北
決辭中研院所長職 專心從事研究工作

【中央社訊】現任臺灣省立中興大學校長林致平博士，於廿六日表示，他決定辭去中興大學校長職務不渡江外面擴任研究所專心從事研究工作，他對研究工作感覺厭倦。

這位主持中興大學校務的數學家由省立臺中農學院、國立交通大學電機研究所所定於五月一日回院接他，迎接他。

他在臺北火車站告訴記者，他經過數年來主持與大的事業發生以後，更對行政工作感到厭倦。

林致平博士說，他卸下興大校長的職務之後，將立刻回中央研究院工作。

林致平對記者說，他離去興大是經過長久考慮的決定。他並表示，他已決定辭卸研究所所長的職務，他希望在一年內完成計劃了好久的有關彈性力學方面的著作，同時繼續近年來的研究工作，而在學術上的荒疏。

他說，他的辭職案，將於五大二月廿一日移交，我要在中興最後一分鐘，做完大學工作到的論文。

【本報訊】中興大學校長林致平

畢 林致平 一位老牌 總務 校長林致平主任

報刊出的第一次簽名在名單上，列狀者在詢。

第二次控訴狀，上簽名者則係二十六日本在詢。

林致平校長獲准辭職，返回臺北。
資料來源：《中央日報》，民國52年4月27日，四版。

林致平辭職
學生表懷念
希望當局慎考繼任人選

【本報訊】省立中興大學工學院學生五十多人，昨向他們表示他

林致平校長的離去，表示依戀，並希望有關當局對未來的校長人選予以慎重考慮。

這五十多位的學生不肯透露姓名，他們說：林校長的辭職，全校極多數師生均想挽留，同時許多老師也將跟校長一齊離去，這樣將使學校成為真空，學生們認為林校長原無意辭職，他到校後即擬定第一期五年計劃，由此足見林校長是想辦好中興大學，林校長走了五年計劃必告中斷，校務勢亦受到影响。

學生們說：林校長之被控，純係私人的利害為動機，他們其所以遲遲對林校長未作積極挽留，因為林校長為顧全大局，而將消息穩秘下來，直到新聞發表後，大家知道一切情形，但是林校長還是力勸同學們安心求學，使同學們一直沒有表示挽留的機會。今天林校長行將離校，同學們深感一年來受教誨之恩，乃藉此表示立場，並希望有關當局對將來的校長人選作慎重之考慮。

俞佩瑛（1929-1989）

俞佩瑛，時為化學系講師。

資料來源：《省立中興大學民國53年畢業紀念冊》

俞佩瑛，農化系畢業照。

資料來源：《省立農學院第五屆畢業紀念冊》

（民國43年）

俞佩瑛先生生平紀略　王一三

民國18.04.12 — 民國78.01.12

　　俞佩瑛學兄，浙江省奉化縣人，民國十八年四月十二日生，先世為當地望族，父濟民公曾為杭州市市長等軍政要職，先後畢業於龍泉縣東昇、西平兩鎮聯立中心學校、鄞縣縣立臨時聯合中學、山東青島臨時中學。民國三十八年，隨父播遷來台灣，就讀於現國立中興大學前身之台灣省立農學院農業化學系，四十三年六月畢業，即入陸軍官校預官班第三期受訓，翌年結業。

　　民國四十四年八月，任教於台灣省立嘉義高級農業學校，並兼任導師，一年後，轉任私立中原理工學院為助教，刻苦自勵。四十七年，升任講師。民國五十一年，為台灣省立師範大學延聘，五十二年八月，返母校省立中興大學（省立農學院於五十年改制為省立中興大學）化學系服務。五十四年，升任副教授，擔任生物化學。至六十二年，再升任為國立中興大學（興大六十年又由省立改制為國立）化學系教授。其他職務，於民六十年八月至七十二年七月，兼任興大訓導處課外活動組主任，[1]自民國七十二年八月至七十八年一月，轉任學生輔導中心主任。

註　解

(1) 課外活動組，隸於訓導處下，民國60年（1971）改名為課外指導組。

俞佩瑛，化學系副教授兼課外指導組主任。
資料來源：《國立中興大學民國61年畢業紀念冊》

俞佩瑛主任參加智海社第12屆迎新（民國61年）
資料來源：《許教授寬成往生十週年紀念專輯》(2)

 註 解

(2) 黃成家主編，《許教授寬成往生十週年紀念專輯》（台中：中興大學智海學社，1990）。中興大學智
海學社創立於民國50年（1961），以此推算，相片的年代應為民國61年（1972）。參紀潔芳，〈半
世紀牽引一輩子感念──憶慎公恩師兼述智海學社的成長與校園佛法的發展（一）〉《慧炬雜誌》，
537期，2009.3，頁43。

俞佩瑛，化學系教授兼學生輔導中心主任。
資料來源：《國立中興大學民國74年畢業紀念冊》

佩瑛學兄於民國七十一年間，因患胰臟癌，入台北榮民總醫院治療，經手術後，返回學校任教，並仍兼任行政職務，工作更加勤奮。至七十七年十一月，舊疾復發，不幸於翌年一月十二日病故於台北榮總。

佩瑛學兄平生著述，為我所知者，計有關於化學論文五篇，登載於國立中興大學理工學報。其生平所獲得之獎勵與榮譽，有（一）民國六十二年教育部頒發之「仁」字獎狀。（二）六十八年經保舉為中國國民黨最優黨員。（三）七十五年行政院頒發貳等服務獎章。（四）七十六年行政院頒發壹等服務獎章。（五）六十三年教育部指派出席世界和平教授學術會議。

佩瑛學兄故後，遺下夫人與二子二女，子女均受高等教育，應無遺憾。歿時年已六十，在昔時已是年登壽域，而在今日人壽延長，似覺盛年早逝，未能全其志耳！我在舊日保留之書函中，覓得其於民國七十二年一月二十八日在台北石牌榮總醫院中正樓八樓四十號病房十九床致我一函，告我在榮總醫療情況，時已經第一次開刀，謂須經第二次開刀，可以根治，並對於榮總設備與醫師頗具信心，囑我轉告其（葛）其龍、（劉）理遠、（黃）乃隆諸師、[3]（李）小藩、（李）鐵生、（何）武雄學長，[4]及系內諸同仁以釋念。以後雖經治癒，但因工作繁重，歷時五載，終至舊疾復發，為其母校中興大學竭盡心力而犧牲，於今思之，感懷無已！

錄自《浮生紀略》[5]

  註　解

(3) 民國43年（1954），俞佩瑛大學畢業時，葛其龍和劉理遠都是農化系的講師，黃乃隆則擔任課外活動組主任。後來葛其龍擔任過化學系第三任（民國47.2-51.7）和第六任（民國56.8-63.7）系主任。葛、黃二人的生平，參見蔡宗憲編注，《興大人物史料彙編（一）》，頁105-113；劉見《興大人物史料彙編（二）》，頁156-160。

(4) 李小藩，民國42年（1953）農化系畢業，比俞佩瑛大一屆。當時她和李鐵生、何武雄三人均任教於農化系，與俞佩瑛為同事。何武雄和李鐵生先後擔任化學系第八任（民國66.8-72.7）、第九任（民國72.8-78.7）系主任。

(5) 王一三編著，《浮生紀略》（台中：作者自印，1995），頁157-158。

孫守恭（1918-2015）

孫守恭，時為植病系副教授。

資料來源：《省立中興大學民國54年畢業紀念冊》

我的一生　　　　孫守恭

民國07.02.02 ─ 104.01.02

民國七年（1918），出生於山東省壽光縣，城南胡營鄉西屯村。全村不大，約有五十左右人，全屬孫姓，只有一人姓李，全為農民。我家是全村最壯威之家，也是務農。但祖父自幼念書，幼年即與河東玉皇廟周家女子結婚，即是我的祖母。周家富裕，有二男一女，一女即與我祖父結婚。祖母幼時即讀書，能看古書如《烈女傳》等。

我祖父自幼即喜讀書，曾得秀才，是壽光有名之讀書人。一年去濟南考舉人，考後回家即病故，祖母生一男兒，如此寡母持家帶一男兒。男兒（即我父親）讀私塾，後來去濟南（省都城）讀專科學校。畢業後，應聘至壽光縣立中學教書，兼任教務主任，主教博物。這時父親已結婚，並生有二女，即我大姐及二姐。二位姐姐讀私塾後，又至益都讀女子中學。

此時我及二弟也已五、六歲，也至壽光城裡讀小學。我好學成績很好，二弟不喜讀書，但運動很好。小學畢業後，我成績優良，祖母把我送至玉皇廟，大表哥帶我去青島市立中學考試，我被錄取。初中時，父母即安排我結婚，我不願意但不敢說，回家也不去同房，卻躲到祖母房睡。

暑假在青島校內……

錄自《經師人師》(1)

┌─────────────┐
│ ⊕　　註　解 │
└─────────────┘

(1) 黃振文、林景淵合編，《經師人師──孫守恭教授紀念文集》（新北市：遠景出版公司，2015），頁140-141。編按：《經師人師──孫守恭教授紀念文集》一書除了收錄孫守恭教授自述生平的文章，還有林景淵所撰的〈經師人師──記孫守恭教授的一生〉，從歷史學家的角度，以圖文並茂的方式，綜述孫教授的一生。此外，該書還收錄了孫教授門下弟子與三位兒子的感懷文字，讀者可自行參閱。

混跡植病五十年感言
——八十歲點滴回憶

孫守恭

　　念自一九四一年進入植病領域，歷經戰亂流亡，實際植病工作乃自一九四八年來台後開始，五十年來未曾間斷，興趣亦未稍減。如今靜坐書房，遙望窗外青山浮雲，田野如畫，腦海裡頓覺一片空虛，近十年植物病理進入嶄新領域，新知浩瀚，嘗試瞭解，卻感無力，五十年光陰，似乎白費，真的如李商隱的詩句：「夕陽無限好，只是近黃昏」。

　　來自農村，古老的傳統農作，百年來未曾改變，父母對子女教育甚為重視，兩個姊姊送去大城市讀現代學校，我在村中私校，老師教讀書識字，後至縣城高小畢業，由表哥帶至青島考入青島市中。對鄉下孩子而言，青島宛如仙境，青山綠海，樹林中紅瓦房舍，清潔的柏油馬路，美麗的海濱公園，四月裡中山公園櫻花盛開，山坡上遍地野百合，是全國最美的國際化都市。週末的賽馬、美國水兵的棒球、高爾夫球賽，鄉下孩子看了似懂不懂，眼花撩亂。有一年暑假，在北平讀生物的二姐來青島，我們在山坡上採集植物，以木板製成的標本夾壓成標本。生物老師教我們作海藻標本，將採來的標本放入水盆裡，使其伸展成自然狀態，再以八十磅的圖畫紙放入盆中，輕輕將海藻托起，陰乾後即成美麗的標本。暑假中去海濱游泳，海水浴場設備好，有淡水沖洗房間，也有救生人員，通稱為「Life」。六年的中學生活，充滿幸福和快樂，但好景不常，一九三七年七月七日蘆溝橋事件，日軍侵華戰爭開始，華北數省相繼淪陷，被迫返鄉務農，也只能做些輕便工作。那時生物書上毫無植物病害介紹，但在田間常遇到高粱有穀霉（黑穗病），有的穀霉可以吃，有的不能吃。小米（粟）有槍桿（露菌病），因不能抽穗而成尖桿狀，小麥下丹（銹病），收穫時黃粉亂飛，棗樹及梧桐有瘋枝（簇葉病），我們也隨長工們去大豆田拔除黃蔓子（莬絲子）。日軍多在城裡，老百姓也不敢隨便走動，這樣下去實在於心不甘。在此之前，二位姊姊與丈夫均隨政府遷至四川，也常來信催我過去。終於連絡到二位婦女要去四川與丈夫會合，於一九四〇年秋起程去大後方，父親送我去膠濟鐵路站，臨別時，平時堅強的父親不禁

暗地流淚，預料這一別不知何年再見。五年後，父親因病過世，而今墳墓在何處也無法尋找，成為終生憾事。

入川之路，不但辛苦，而且危險，自濟南、徐州至開封為淪陷區，火車上日軍數度檢查。有人衣服夾層內的法幣被日軍沒收。在開封友人家住一夜，委託熟人帶路渡過黃河封鎖線到達自由區，之後走路，騎驢經鄭州、洛陽進入潼關，險遭搶匪，幸保性命。再乘火車經西安至寶雞，換木炭發動之汽車，越過秦嶺至漢中、劍閣而成都，為時二個月。二姊夫閻若珉任四川大學植物病蟲害學系主任，得以安定溫習功課。一九四一年，考入四川植物病蟲害系，但二姊夫已北上至西北農學院任教。為躲避日機轟炸，一年級遷至峨嵋山，在寺廟中上課，不分院系，必修國文、理化、生物及三民主義，戰區來的流亡學生由政府負擔學費及生活費，但生活艱苦，秀麗的峨嵋山，遍地嫣山紅（杜鵑花），也無心欣賞。一九四二年秋，遷回成都，算是進入植病之門，必修真菌學、微生物學、昆蟲學、植物生理學、農藝概論及農場實習。微生物學由留法教授講授，共講四週緒論即離校他去，印象中那位教授只是在法國混混，並無實學。真菌學老師是許如琛女士，採用E. A. Bessey的*Introduction to Mycology*為課本（一九七三年在Iowa大學參加雙胞菌研習會，在植病系走廊之櫥窗中陳列著Bessey教授用的單管直式顯微鏡）。許女士，清華大學生物系畢業，他的丈夫是植病專家凌立博士，她的真菌是凌先生教的。許女士福州人，年輕貌美，風度翩翩，也教植物分類學，學生不到二十人，但旁聽者擠滿教室內外，都是因她的貌美而來。一九四四年公費留學，去明尼蘇達大學進修，被一位中國留學生追上，兩人結婚，回中國大陸。據聞一九六〇年代因病過世，一代學人不幸早逝。[2]一九七〇年，凌立先生回台訪問，我向他提及當年在成都上許女士的課，凌先生感嘆不已。昆蟲學老師講授精采，口才好，內容豐富。三年級植物病理學由剛自康乃爾大學回國的林孔湘教授講授，講義為英文，上課也是英文，大力介紹H. H. Whetzel的植物病理學之理念及病害防治法。林教授的英語講課方式受到大部分教授的批評，但學生受益不少。林教授自康乃爾獲得學位後，曾去加州河邊柑橘試驗場（目前UCR之前身）研習柑橘病害三個月，返國後也以柑橘病害為研究對象，對柑橘黃龍病研究尤多，當時他認為黃龍病是病毒引起，而請來的蘇聯專家則說是生理病害。一時之間林教授被批鬥得體無完膚，鬱鬱不樂而過世。當時川大的系主任曾省教授的昆蟲解剖也很精采，我的實習報告曾教授

孫守恭的大學畢業照
資料來源：《經師人師》(3)

要去作爲學生之範本。

　　四年級第二學期（一九四五年春），日軍作困獸之鬥，由湖南進入貴州，逼近貴陽，目標是重慶。政府號召青年學生從軍，成立青年軍。那時歐洲戰事已結束。部分美軍派至中國戰場，協助我軍對日作戰，並招考大學生作翻譯，學校也規定四年級第二學期不必參加畢業考即可畢業。我有幸考取譯員，飛至昆明譯員訓練班受訓八週，分發至降落傘部隊，任命爲少尉翻譯官，在昆明東南一百公里之宜良縣山坡地訓練傘兵，我被編入第八中隊，每日出操訓練，且實彈演習。前三中隊訓練完畢，空降至湖南後方作戰，後面數隊未完成訓練，一九四五年八月十四日，日本宣佈無條件投降，第二次世界大戰結束，翻譯官被遣散回重慶，各自回住所。回成都覓得四川省農業改進所技佐一職，未及安排就緒，四個月後應召回山東省農林處。由成都回山東濟南，費時八個月，各地八路軍（共軍）風起雲湧，交通柔腸寸斷，終於一九四七年十二月搭空軍運輸機飛抵濟南，出任山東省農林處技士兼一農場主任。農場在城郊，面積不到二公頃，有人作水稻引種，也向台灣要稻種，我也發表一篇不堪一提的穀樂生（有機汞劑）小麥拌種報告，華北各地戰事頻繁，農事工作無法推展。農林處長閣若珉先生收到台灣鳳山熱帶園藝試驗所所長黃弼臣先生一封信，希望介紹一位病理人員。閣先生問我要不要去台灣，台灣的熱帶風光令人嚮往，乃應允去台灣。自濟南經南京至上海，搭太平輪於一九四八年五月十七日下午五時抵基隆，當晚乘火車，次日黎明抵達鳳山。

註　解

(2) 許如琛（1917-1978），福州人，清華大學生物系畢業。抗戰勝利後，赴美國明尼蘇達攻讀生物學，獲碩士學位，在美工作。1950年，與丈夫吳兆蘇（美國明尼蘇達州立大學農藝系哲學博士，著名小麥育種專家）一同返回中國大陸，任教於南京大學生物系。

(3) 黃振文、林景淵合編，《經師人師──孫守恭教授紀念文集》（新北市：遠景出版公司，2015），頁16。

黃弼臣，後來也到省立農學院任教，擔任園藝系第二任系主任（1959-1972）。
資料來源：《省立中興大學民國52年畢業紀念》

　　鳳山熱帶園藝試驗所位於高雄縣澄清湖畔，主要工作爲鳳梨、香蕉、木瓜及蔬菜，前二項爲重要外銷產品，農復會大力補助鳳梨公司及青果合作社，也補助嘉義及鳳山兩個試驗所，加強鳳梨及香蕉之研究，病蟲害的研究主要在鳳山試驗所。日治時代鳳梨專家渡邊正一曾說，鳳梨萎凋病爲台灣鳳梨之嚴重病害而無法防治，台灣之鳳梨產業將無法發展。夏威夷鳳梨研究所Dr. W. Carter說鳳梨萎凋病是鳳梨粉介殼蟲爲害引起的，此種粉介殼蟲分泌毒汁，破壞鳳梨之根系而引起萎凋。長久以來認爲粉介殼蟲極難防治，從氯化鉀、溴化甲烷燻蒸鳳梨苗至一九五六年獲得一瓶西德拜耳研製的富粒多（Folidol）（有機磷劑，現稱巴拉松），可防治水稻三化螟蟲，對粉介殼蟲也有殺傷力，但對人體極毒。我們以浸苗及田間灌注防治粉介殼蟲，對鳳梨萎凋病有極好之防治效果。十餘年來未有一人中毒，當時也用富粒多防治水稻三化螟蟲，效果很好，但因中毒而死亡者有三人以上。一九六〇至一九七〇年間，台灣鳳梨罐頭出口佔全球第二位，第一位爲夏威夷。

　　香蕉萎縮病為另一項工作，由全省萎縮病發生調查，蚜蟲傳播試驗至煤油灌注防治，由於工作之表現，獲農復會保送赴美研習熱帶果樹病害，主要是柑橘。曾至加州大學洛杉磯分校，Riverside的柑橘試驗場（即UCR前身），佛羅里達大學，Olando之柑橘試驗場，邁阿密熱帶園藝試驗所及夏威夷大學。在加州河邊柑橘試驗場見到L. J. Klotz／J. W. Wallace，G. A. Zentmyer／C. C. Calavan，在夏威夷鳳梨研究所見到W. Carter，與這些學者相談並參觀其試驗研究，也搜集了美國各大學及試驗所之研究報告五百多份。當時柑橘Tristeza病是熱門話題，只知其為病毒病，也只有自傳播，病徵及嫁接試驗方面探討。夏威夷的鳳梨研究所不歡迎外人參觀，但也獲得W. Carter的晤談並參觀其鳳梨萎凋病的試驗。該次旅美研習，雖非進修，但體驗到他們研究人員的精神及實地工作之認真，也交了一些朋友。

　　民國四十七年，應臺灣省立農學院（中興大學前身）植物病蟲害學系主任羅清澤教授之邀，來台中任教，確是一個良好機會，但內心卻有極大壓力。大學期間未得紮實的充電，怎能教大學？這時想起長輩所講的話，教學相長，只有拼命看參考書，而且看同樣課題不同之版本，自病害防治，熱帶植物病理學以至細菌學，不知同學反應如何，自己真學到很多。民國四十八年，郭菊美同學找我作畢業論文，我選了鳳梨花樟病（由*Erwinia ananas*引起），自病原細菌之分離、生理試驗、室內接種均有正結果。郭小姐有位親戚在太平鄉（現在之台中市太平區）有塊鳳梨園，免費提供我們作接種試驗，獲得良好發病結果。基於不斷的搜集資料，不斷的自修，得以順利完成講課任務，自己也充實了很多，以目前植病系的學術水準而言，是二流教授教一流學生。

　　一九六〇年，東西橫貫公路開闢完成，為安置退伍榮民，政府鼓勵他們去梨山一帶種植溫帶落葉果樹，自日本引進大批桃、梨、蘋果苗木，試種結果，不但生育好，品質佳，更重要的是價格高，栽培面積日益擴張。唯一問題是病害發生嚴重，桃縮葉病，蘋果及梨之黑星病，蘋果白粉病及銀葉病危害劇烈，果實品質低劣，甚至全無收穫。以後十年，研究工作以溫帶果樹病害為主，也逐漸將重要病害得以控制。記得有一次我與張義璋同學在福壽山農場路邊等公車回台中，一位農民路過，叫我們等等，他回家背了一簍蘋果送我們，說他的蘋果銀葉病恢復了（曾以硫酸哇寧注射在

民國47年（1958），孫守恭（前排右五）應邀至省立農學院任教，這是他首次與畢業生合影。
資料來源：《省立農學院第十屆畢業生紀念冊》（民國48年）

他的蘋果樹作試驗）。溫帶果樹的種植及以後的高山蔬菜，嚴重影響德基水庫的壽命，並惡化水的品質，政府也認為梨山地區果樹栽培政策的錯誤，但農民不肯放棄，於是蘋果、梨、桃乃開放進口，梨山地區的溫帶果樹栽培面積才略有減少，我們也覺得當年在梨山作試驗也愧對國人。

　　一九六四年得國科會獎學金，赴威斯康辛大學植病系進修一年，目的不在學位，只想體驗他們的教學，研究及研究生的培訓。選讀了G. S. Pound的植物病毒學，L. Sequeira的植物病理四〇〇，J. E. Mitchell的土壤病學，A. E. Hilderbrandt的Communication（可譯作論文寫作），旁聽了細菌系的普通細菌學（已忘記教授名字）。Dr. Pound的口才好，但內容並不充實，學期中因公出差非洲，由一位資深研究生代課。Dr. Mitchell的口才較拙，不善於表達。最令人賞識的是Dr. Sequeira，植物病理學講的大好，精而簡，使人很深刻的瞭解植物病理學的精髓，考試題目也出得好，是經過一番思考的。Dr. Hilderbrandt的論文寫作也不錯，也講到書信的寫法。旁聽細菌學（有實習）也獲得深刻的印象。已退休的著名教授J. C. Walker有時也到系裡坐坐，我也曾與他相談，他的*Plant Pathology*是一九五〇至一

九七〇年代最暢銷的教科書，美國各地大學的植病系均指定爲課本或參考書，直至一九七九年George Agrios的*Plant Pathology*出版，相形之下Dr. Walker的書大爲失色。不過在 Dr. Walker主持Wisconsin大學植病系時培養了許多著名植物病理學者，我國的魏景超、歐世璜都是他的學生，Wisconsin的植病系也是全球最好的學系（目前已有好多學系超過了Wisconsin）。

美國學系的制度也值得效法，教授除教課外，當然也做研究，有的教授只做研究不教課，也有推廣教授，做農民田間病害的指導與推廣，有專門照相的技術員。溫室的設備好，有花盆室可自由取用，有土壤室供應土壤，花盆用畢須把廢土倒在指定之處，花盆須洗乾淨放回花盆室。研究生以申請方式入學，但畢業很嚴格，任何時間若有幾門功課爲C，就須走路，畢業生都是佼佼者。

美國加州大學柏克萊分校植病系主任W. C. Snyder及其助理研究員Shirley Nash Smith
來訪，與孫守恭（左一）、韓又新（右一）合照，背後建築爲舊植病系研究室。
資料來源：孫維廉先生提供／人物資訊提供：黃振文教授

一九七〇年加州大學柏克萊校區Dr. W. C. Snyder（也是Walker的學生）來台訪問，目的是看台灣鐮胞菌病害，並尋求合作研究對象。經由農委會邱人璋博士的介紹與中興大學合作，也獲得國家科學委員會的支持，中美雙方在我方國科會與美方國家科學會基金會的補助，進行稻苗徒長病的研究（由*Fusarium moniliforme*有性世代爲*Gibberella fujikuroi*引起）。由於合作研究非常成功，繼續進行*Fusarium oxysporum*等土壤傳播性病害的研究達十年之久，創下中美合作研究之空前範例，直至一九八一年八月。Dr. Snyder自韓返美後，次日因心臟病過世。(4)Dr. Snyder在台期間，不但與中興大學的植病系合作，也與其他研究機構如農試所、台灣糖業試驗所、香蕉研究所等舉行座談會，討論植物病害問題。在此期間，也成立非正式的土傳性病害小組，不定期的自由座談。任職農試所客座專家歐世璜博士及中研院院士王世中博士也自動參加座談，給予莫大鼓勵。記得有一年王世中院士請我去台北土壤學會理監事會報告土傳性病害及抑病土問題，數月後，王先生送我一本大陸山水畫冊，並題詞：希望早日回到錦繡河山。在此期間最值得回憶而快樂的是與許多青年學子共同研究植物病害問題。長江後浪推前浪，現在他們已是佼佼的植病掌舵人，他們是：張義璋、宇國勝（任職烏拉圭農技團，因車禍喪生）、(5)劉惠元、黃振文、余淑美、王文杰、蘇淑眞、裴家隆、周立瓶、黃秀華、羅朝村、曾紫華、程素梅。任職加拿大的黃鴻章博士（民國五十二年畢業同學），也二次應邀返台共同研究菌核病（由*Sclerotinia sclerotiorum*引起）。難忘的是五〇年次畢業的三位同學：溫光勇、黃益田與鄭石先均在我研究室作畢業論文，五〇年六月上完最後一堂課後，他們三人送我一隻手錶，大概平時看到我戴著已有十三年生銹的錶，太寒酸了。溫光勇赴美進修得博士學位，進醫學中心，專門電子顯微鏡，研究老人癡呆病腦神經問題。黃益田現任桃園區農業改良場副場長，也曾赴歐美進修，專攻植物病害流行病問題，近數年以「農僕黃子」之名不斷發表古詩新解，自己也寫詩。鄭石先進入林業界，卅年來已是林政主管課長。

⊕ 註　解

(4) William Cowperthwaite Snyder（1904.7.26－1980.6.4），美國加州柏克萊大學教授，著名的植物病理學家。

(5) 宇國勝（1945-1981），民國58年（1969），省立中興大學植病系畢業，民國70年（1981）12月，在烏拉圭因車禍殉職。參蔡宗憲編注，《興大人物史料彙編（一）》（台中：國立中興大學校史館，2021），頁30-31。

民國48年植病系大一同學於教室前合影。後排左起：溫光勇、洪章夫、李國欽、
黃益田、邱燕局；前排左起：黃政勝、鄭石先。

資料來源：《經師人師》(6)

民國40-50年代的植病系館，後轉作為中文系館。

資料來源：黃天久先生提供

民國50-80年代的植病系館
資料來源：《傳承與發展——八十六年紀實》(7)

　　長久以來，國內各大學均以教學爲主，因經費短絀，教授無法作深入專題研究，民國四十九年，吳大猷先生應聘回國，成立長期科學發展委員會（國科會之前身），教授可以申請研究經費，始有專題研究計劃，但因人手不足，研究成果不彰。一九六九年（民國五十八年）植病系成立研究所，招收優秀學生，研究工作開始活躍。植病館前之木造房屋爲中國文學系，有位教授說：植病系各試驗室之燈光不到十二點不熄，研究風氣非常旺盛。最明顯之指標是每年十二月中華農學會年會時，植物保護學會的植物病理論文最多，而且篇篇精采，大學之研究受到各界肯定，對農業之貢獻得到中外稱讚，研究生畢業後在各試驗機關也有良好表現。

註　解

(6) 黃振文、林景淵合編，《經師人師——孫守恭教授紀念文集》（新北市：遠景出版公司，2015），頁165。

(7) 《傳承與發展——八十六年紀實》（台中：國立中興大學農業暨自然資源學院，2006），頁64。

羅清澤教授,植物病蟲害學系主任
兼代院長。

資料來源:《省立農學院第八屆畢業紀念冊》
(民國46年)

中興大學植物病理學系於民國四十九年(編按:當為民國36年)成立時,教師只有十人,僅一位博士;但教學認真,實習更嚴格,每日下午一時半時開始,不到下午六時不下課。當時系主任羅清澤教授,對系務之發展極具遠大眼光,鼓勵年青教師出國進修,爭取經費添購圖書儀器,並首先開創線蟲學、病毒學及病態生理學。以後三十年仍秉承羅故主任之辦學精神,不斷提升學術水準。目前植病系有老師二十一人,具有博士學位者十六人,教學及研究均受肯定,圖書及設備已達國際水準。若是雞蛋裡挑骨頭,應是實習不及過去之認真與嚴格,這是國內之通病,亟須改正以保持固有之系風,也是培訓植病工作者重要守則之一。

近十年,尤其最近五年,分子生物學及遺傳工程的興起,已掀起廿一世紀之生物產業革命,DNA的分析與重組,已創造出驚人的遠景。在台灣,植病系葉錫東教授已育成抗輪點病毒的轉型木瓜,在美國已有抗輪腐病的轉型馬鈴薯及耐儲藏的轉型番茄,在中國大陸也有抗TMV的轉型菸草,這些轉型新種會不會攪亂植物生態,相信也有因應措施。許多人感歎傳統植物病理學已是窮途末路,甚至農學院也沒有前途,美國的農學院已改為自然資源學院。我認為有眼光的人,應將傳統植物病理與生物技術相結合,使二者相輔相乘,不要偏激,才能發揚光大。行文至此,使我想起宋朝蘇軾的一段詞:「明月幾時有,把酒問青天,不知天上宮闕,今夕是何年」,相信今後一定有光輝燦爛的「年」,使人們享受更美好的未來。

錄自《興大校友》第11期(8)

註 解

(8) 本文最早發表於《千禧年·植病緣——國立中興大學植物病理學系五十週年慶》(2000.12),後又刊登在《興大校友》,第11期,2001.6,頁118-124;繼又收錄於黃振文、林景淵合編,《經師人師——孫守恭教授紀念文集》(新北市:遠景出版公司,2015),頁50-64。

張書忱（1909-1979）

張書忱，昆蟲系教授。

資料來源：《省立中興大學民國52年畢業紀念冊》

張書忱先生事略[1]

民前03.02.20 ─ 民國68.08.23

張故教授書忱先生，〔別號曙晨〕，[2]籍隸遼寧省莊河縣，初中畢業即赴北平就讀北平大學最後一班預科，值九一八事變，因家庭經濟支援斷絕，於廿一年畢業後即返故鄉，從事抗日工作。廿二年暑期，再返北平，就讀北大農學院農業生物學系。畢業後又逢七七事變，抗日軍興，爰就職於綏遠歸綏師範學校。未幾，大同失守，乃轉往西北聯大任職。僅及一年，又深入雲南南嶠工作，並任建設局長。越二年，又返回西北農學院，從此即開始作育人才之工作。追維既往，張故教授自中學畢業即開始流亡生涯，由大陸東北而西北，再向西南，復返西北後，於卅七年取道上海而來台灣，遂執教於中興大學達卅年之久，春風時雨，化育群英，夙為同仁及莘莘學子所敬佩。正期大展長才，廣植桃李，詎料癌症肆虐，一病不起。同仁等感念其畢生績學育才之偉業，特出專刊，俾資紀念，爰述概略以誌之。時中華民國六十九年十二月。

羅雲平　序於國立中興大學

錄自《昆蟲學會會報》第15卷第1期[3]

註　解

(1) 此文原係羅雲平校長為《昆蟲學會學報》「張故教授書忱先生紀念專刊」所寫的〈序〉，目前標題為本書所擬加。

(2) 據《省立農學院第二屆畢業紀念冊》（民國40年）通訊錄資料增補。

(3) 《昆蟲學會會報》，第15卷第1期，1980.12，頁5。

張書忱教授年譜

1909年2月20日　誕生於遼寧省莊河縣原籍

1937年7月　　國立北平大學農業生物學系畢業

1937年8月　　任綏遠省立歸綏師範學校農業生物科教員

1938年　　　任雲南建設廳技士

1939年　　　改任雲南南嶠縣建設局局長

1940年10月　任陝西省立南鄭中學教員

1941年3月　　任國立西北農學院講師

1947年8月　　升任國立西北農學院副教授

1948年2月　　來臺，就任臺灣省立農學院副教授

1951年8月　　升任臺灣省立農學院教授

1960年8月　　昆蟲學系成立，首任系主任

1961年　　　赴美深造，獲密希根州立大學碩士學位

1964年8月　　任昆蟲系教授兼主任十一年

1972年8月　　昆蟲研究所成立，首任所長

1974年　　　兼任國立臺灣大學教授

1975年8月　　任中華民國中山學術文化基金中山講座二年

1976年　　　兼任私立中國文化學院實業計畫研究所博士班教授

1978年12月　退休

1979年8月23日　逝世

錄自《昆蟲學會會報》第15卷第1期(4)

註　解

(4)《昆蟲學會會報》，第15卷第1期，1980.12，頁2。

敬悼張書忱教授

貢穀紳[5]

　　民國三十六年秋，中興大學前〔身〕臺灣省立農學院奉准設立植物病蟲害學系，穀紳奉恩師羅主任清澤之命來臺服務。翌（三十七）年二月，張書忱先生亦應聘來院。我倆服務同系，迄今已逾三十餘年。當時各系建築，均為日式木造平房，教授先生大多二三成群，共處一室。我與張先生同室同研，朝夕相處，得益良多。張先生長我十二歲，在昆蟲學界，實為長者，亦屬師輩，不僅昆蟲學知識從其學得甚多，且其一言一行，足為吾輩所敬仰與效法。

　　植物病蟲害學系成立之初，羅師積極延聘教師，添置圖書儀器，編製教具教材，培育後進，領導全系，不遺餘力。對本省植物保護工作，貢獻良好。

　　四十三年秋，奉令劃分為植物病理與昆蟲兩組，系務乃由羅師負責，但部份有關純「昆蟲」之活動，則由張先生領導。兩組分別發展，進展迅速，不數年間，兩組均達設系標準。四十九年秋，奉准分別升格成為植物病

張書忱（左二）與貢穀紳（右二）
資料來源：《省立農學院農院第二屆畢業紀念冊》（民國40年）

理學及昆蟲學系。系主任分別由羅師與張先生擔任。昆蟲學系在張先生領導下，對昆蟲標本採集製作及有關研究，更為加強，成績日著。

⊕ 註　解

(5)　原文頭銜為中華昆蟲學會理事長。貢穀紳（1920-2019），江蘇武進人，福建省立農學院畢業，民國36年（1947）來台，曾任省立中興大學昆蟲系主任、農學院院長，後又擔任國立中興大學校長。參蔡宗憲編注，《興大人物史料彙編（二）》，頁77-101。

張書忱與植物病蟲害系同學

資料來源:《省立農學院第三屆畢業紀念冊》(民國41年)

　　張先生勤奮好學,五十年時已年屆五十有二,尚遠越重洋,赴美進修,並獲密西根州立大學昆蟲學碩士。學成回國,繼續領導,教學更為努力,系務發展尤速。六十一年秋,昆蟲研究所成立,招收碩士班研究生,張先生同時兼任系、所主任,精心闢劃,為系、所發展奠定良好基礎。終因積勞成疾,健康欠佳,辭系、所主任職而專任教授,但對系所發展,關懷未減,對教學研究尤為努力,病中猶完成論文多篇及昆蟲形態學巨著,裨益士林,嘉惠後學,實為良師之楷模。

　　張先生秉性耿直,任勞任怨,人所共知;待人接物,一本至誠。善繪畫(尤以生物畫見著),工書法,長金石,精女紅,嗜採集(尤以天牛科為著),堪稱多才多藝。其立身敦品好學,生活嚴謹勤儉,向為全校師生所欽崇。

　　回憶張先生彌留之情景,猶在眼前,但人天兩隔,已永無相見之期,然其精神則長存中興。茲逢張先生逝世週年,撫今思昔,感觸良多,謹略記往事,以示哀悼。

錄自《昆蟲學會學報》第15卷第1期 (6)

　註　解

(6)《昆蟲學會學報》,第15卷第1期,1980.12,頁7。

悼念張故教授書忱先生

韓又新[7]

先生任教於西北農學院時，銳意從事天牛之研究，曾赴各大名山採集標本數百種，並攜來臺灣，彌是珍貴。先生在臺三十餘年來，更徧歷深山峻嶺，廣採天牛標本，所發現之天牛新品種即有數十種之多，建樹輝煌，為亞洲學者之冠，而得有「張天牛」之美譽。先生所發表有關昆蟲學及天牛著作共百餘篇，頗受各國學術界之重視。正期發揮長才，作育群英，孰料癌症作祟，強奪其志。逝者已矣，生者何堪！緬維先生績學偉業，更不勝欷歔悼念之忱。

韓又新，時為農學院院長。
資料來源：《國立中興大學民國69年畢冊》

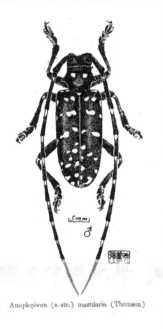

Anoplophora (s. str.) macularia (Thomson)

徵求天牛科標本啓事

筆者蓄志將國產天牛類標本採集齊全，惟以時間及財力關係，深感力有不逮，切盼國內同道及各界人士相助。如能以此類標本見贈，當致薄酬或以代採他類昆虫標本交換，此外或有其他條件亦可函商。若蒙惠賜時務請將採集地點，採集日期，採集者姓名以及被害植物等盡可能詳細註明，逕寄臺中市省立農學院植物病虫害系昆虫分類研究室張書忱收。

張書忱手繪斑星天牛與徵求天牛科標本啟事
資料來源：《農林學報》第3卷[8]

節錄自《昆蟲學會學報》第15卷第1期[9]

⊕ 註　解

(7) 韓又新（1928-1998），省立農學院畢業，留學日本北海道大學，後在本校任教，歷任植病系主任、農學院院長、教務長等職。參蔡宗憲編注，《興大人物史料彙編（一）》（台中：國立中興大學校史館，2021），頁135-137。

(8) 張書忱，〈中國之為害柑橘天牛類初誌〉，《農林學報》，第3卷，1954，頁66、75。

(9) 《昆蟲學會學報》，第15卷第1期，1980.12，頁6。

我這一生

張書忱

張書忱，昆蟲系主任。

資料來源：《省立中興大學民國60年畢業紀念冊》

我再講一講我的遭遇，我的遭遇很多，跟我的個性有關。在座的貢（穀紳）先生是知道的，我對行政工作很討厭，尤其是開會時我不愛講話，只坐在那裏聽，很累，沒意思！不去又不行。至於當系主任，我當了好多年，都是被動的，我確實不願意當，為了幾塊錢，把我栓在那裏，不自由，覺得實在划不來。有一年，記得貢先生剛從美國回來，那時昆蟲系除了我就是他，我們倆輪流，那年他回國，因為他對系主任比較是個材料，對開會比較喜歡，對說話比較在行。昨天他還跟我講他一天之內有兩個會都是他當主席，他都想當，要是我，一個都不願當，所以那時他回來，我就把這事推給他。當時劉（道元）校長又推回來，我一共推了七次，被送回了七次。最後，貢先生當農學院院長去了（編按：1970年），我才接了聘。……

我到美國念書的時候，也許有點吹牛，以我一個五十多歲的老頭，那樣拉雜的英文，我能够上課，拿碩士學位，旁人想不到的，假使是用功，也許可能，又不用功，晚上到宿舍，我先睡覺，那怎麼可能！像跟我一起同住的郭孟祥先生，他經常半夜以後才回來，睡不着覺就喝點酒，而我早已大睡了一覺，所以我那時候還是輕輕鬆鬆。最初我去完全唸英文，因為我的英文太蹩脚，趕到第二個學期，還在唸英文，後來聽說延長一個學期可以拿學位，我才開始選課，我選課絕不多選，我對唸書沒有興趣，只照規定的選，不多不少。做論文的時候，我和旁人不太一樣，我不太〔講〕

究資料，我做的東西完全按照實際。課程方面，我的英文又差，又不用功，指定的參考書也不全看；我的指導教授比我年輕，也是學分類的，對我很客氣，其他的先生對我也很客氣，所以我那個學位不是唸出來的，是撿到的，先生們看你這老頭可憐，就送你一個！有一個暑期我唸植物形態，那個先生就挺佩服我的，畫圖的時候只有植物組織的下邊一個片子及上邊一個片子，當中間的沒有，我不必看，隨便就把它給畫了出來，而且頗為理想，他認為我了不起，特別送給我一本書，他寫的。考試的時

郭孟祥，時為植病系講師。
資料來源：《省立中興大學民國52年畢業紀念冊》

候，他認為我是外國人，考試特別優待，給我兩種考題，一種比較容易些。我想不能讓他把我看輕，索性撿難的先做，簡單的也照做，所以我交了兩份卷子，結果得個A。反而考得不好的是高等分類，這門課我應拿手，但是考試我不行，那個考的方法不對勁，頭一天他拿了六十幾張幻燈片，双翅目的翅脈圖，趕到了第二天上午就從那些片子中選出33張，也是在那兒放，叫你把科名寫出來，我當然來不及，所以那門課我應當拿A的，結果只拿到B。還有昆蟲形態，形態是我教的，結果他也給了我個B。此外我的論文是A，原因是，我知道的，他不知道，我寫出來的英文不好他負責要改，但圖我能畫出來，他畫不出來，所以這一點我佔了便宜，所以論文12個學分，就得12個A。

節錄自《昆蟲學會學報》第15卷第1期(10)

⊕ ▍ 註　解 ▍

(10)《昆蟲學會學報》，第15卷第1期，1980.12，頁13-15。原文係張書忱在興大昆蟲學系為他舉辦的退休惜別會（民國67年12月16日）中的演講詞，由葉金彰先生錄音、抄錄。

相關剪報

教授與講師　不亞少年郎
參加青年戰鬥訓練

　　省立農學院張書忱教授暨貢穀紳講師為鼓勵青年踴躍參加暑期青年戰鬥總隊，日昨親向該院訓導處報名，申請參加中央山脈探險隊為隊員，前往中央山脈探險，救國團總團部以其壯志可嘉，決定聘請渠等擔任該團戰鬥總隊正、副隊長。

　　　　　　　　　　　　　　　　《聯合報》，民國42年6月29日，三版。

六位農學教授　將赴美進修

　　由台灣兩個農業學院挑選出來的六名教授，將赴美密歇根州立大學作為期一年的進修研究。

　　這六人包括省立農學院的張文財、郭孟祥、張書忱，台大農學院的申德建、蘇鴻基、顧寶昆，其中張文財已於昨日首途，其餘在本週末或下週初啟行。

　　國際合作總署資助下的此項研究工作，代表一項改善台灣高等農業教育的聯合努力。由密大麥考來教授率領的顧問小組，曾協助推選他們。

　　　　　　　　　　　　　　　《聯合報》，民國50年8月12日，二版。

郭鏡冰（1918-1993）

郭鏡冰，時為應數系副教授。

資料來源：《省立中興大學民國55年畢業紀念冊》

郭鏡冰生平事略

民國07.09.24 ─ 民國82.05.13

郭教授諱鏡冰，河北省束鹿縣人，[1]生於民國七年八月二十日（編按：農曆）。祖為遜清舉人，詩書傳家。父從事黨務，精明幹練。母為小學教師，對獨子管教嚴格，故郭教授之言談舉止莫不循規蹈矩。民國二十六年，高中（北平成城中學）畢業，適逢七七事變，抗戰軍興，全國青年抗日情緒已達沸點，教授乃放棄升學，毅然赴南京受訓，參加戰地服務團。

轉戰豫鄂邊界，備嚐艱苦。後該團解散，教授又興起升大學之念。民國二十八年，考取國立西北工學院電機工程系（校址在陝西城固縣古路壩），一年後轉入航空工程學系。大學四年，吃「八寶」飯，穿草鞋，點桐油燈，挑燈夜戰，在此艱苦之情況下，養成不畏艱難的精神。民國三十二年畢業，即考入空軍機械學校高級班（在成都），受訓一年。民國三十三年，受訓完成，即派到第三飛機製造廠任設計工程師。民國三十四年，與畢業於國立西北師範學院教育系（校址在城固）之趙汝福女士結婚，時夫人任教於四川省立資中師範學校。民三十四年八月，日軍投降，抗戰勝利，先生被派至北平接受一規模不小的氧氣製造場，因其對日本經理之誠懇，表現了中國儒家思想之仁恕態度，贏得日本人之合作與敬重。民國三十五年，調職石家莊飛機場，石家莊乃夫人趙女士之故鄉，因之得與闊別九年之家人團聚。教授與岳父及諸內弟妹相處和諧，如自家人一般。民國三十六年，調職山東青島飛機場，任修護分隊長之職。夫人則任教於山東青島市立李村師範學校。長女即此時出生，取名紀青。

民國三十八年，政府疏遷來台，郭教授調職至高雄轉運站。民國三十

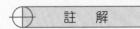

註 解

(1) 束鹿縣，原屬石家莊市，1986年改名辛集市，由河北省直管。

九年，任職岡山空軍官校學科教官。民國四十年，調至台中空軍航空研究院電子組。因發明「飛行生性向測量儀」，民國四十二年被選為「克難英雄」，並蒙蔣公召見。後升任電子組組長，榮獲忠勤、楷模勳章。民國五十一年七月，以上校一級志願退役。總計在空軍服務十九年，甚得長官好評。

民國54年（1965），應用數學系師長與第一屆畢業生合影，前排左三為郭鏡冰。
資料來源：《省立中興大學民國54年畢業紀念冊》

　　是年八月，轉職為國立中興大學應用數學系副教授。民國五十五年，升教授。在校講授普通物理、理論力學、近代物理、熱力學等課程。民國六十年代以前，教授待遇菲薄而兼課之風盛行。故先生亦獲聘東海、逢甲、靜宜等校兼任教授，均獲佳評。民國六十四年以後，奉令專任於中興課程，不再至各校兼課。先生教學認真，有時抱病授課，嚴格要求學生勤做習題，並親自批改，學生均稱獲益良多。六十二年及七十一年，榮獲優良教師表揚，頒受八德及六藝獎章。其著作有：一、〈如何應用葛瑞函數開有小孔的電磁屏蔽問題〉，二、〈紅外線基本理論之分析〉，三、〈空用無線電雜音探測圖之研製〉等十數篇。至七十七年退休，共計教授生涯二十六年。

先生自奉儉約，刻苦成習，性情溫和，待人以誠，尤以孝親聞名。與夫人恩愛異常，鶼鰈情深。在中興任教時，對學生亦如子弟般相待。教學認真，準備功課常至深夜，用功之勤，不亞於古人之懸樑刺股。故授課之時，只帶卡片，不帶課本，雖深奧之科學原理，無不深入淺出，頗能引人入勝，學生皆感收獲豐盛。經其推薦出國深造者無數，獲博士學位者多人，且有任職國內外大學系所主任及院長者，亦有在

郭鏡冰夫婦合影
資料來源：《興大校友》第18期 (2)

研究機構或企業發展者，這些弟子莫不感激先生當年之苦心栽培。每每談到弟子的成就而深覺欣慰，這也正是致力教育工作的精神報償。

興大應用數學系設置「郭鏡冰教授紀念獎助學金」，民國99年（2010），在致平廳舉辦第一屆頒獎儀式，郭鏡冰夫人趙汝福女士（左二）親臨頒獎。
資料來源：興大應用數學系

✛ 註　解

(2) 《興大校友》，第18期，2008.12，頁69。

先生家庭美滿。夫人來台後即在「中師」（編按：省立台中師範學校）任教，五十九年升任教授，於民國七十五年退休。育有一女二子，長女紀青，畢業於輔仁大學歷史系，現為台中師院社教系教授。婿邵國維，畢業於師大物理系，獲交大管理科學研究所碩士，現任職美商玫琳凱化妝品台灣分公司總經理。外孫女邵心慧，肄業於東海大學外文系。長子紀中，畢業於國立中央大學物理系，美國密西西比大學電機碩士，現任Intel Graphics Systems, Inc.工程部副理。長媳何舒筑，畢業於淡江大學外文系，美國密西西比大學電腦碩士，現任美國奇異公司（General Electric Company）電腦工程師，有孫女絜欣、絜明，住聖荷西。次子紀凱，畢業於台灣大學土木系，美國紐約大學（水牛城）電腦碩士，現任職美國昇陽電腦（Sun Microsystems）電腦工程師。次媳陳麗華，畢業於台灣大學圖書館系，美國紐約大學電腦碩士，現任職美國Adobe Inc.電腦工程師。有孫靖、孫女月，亦住聖荷西市。一門俊秀，均學有專長，此亦先生平素教導有方，有以致之也。

先生身體素弱，年輕時即罹患氣喘病，幾乎年年發作，與此頑強之病魔奮戰數十年，每次均安然度過。今年（八十二年）三月，再次發作，來勢洶洶，初在私人診所及公保中心以及台中榮總診治，但未見好轉。於三月底急送中國醫藥學院附設醫院加護病房，又於四月二十六日轉入榮總加護病房。在美二子於住院之日即刻返台，日夜輪番照顧。五月初，有好轉迹象。不料，突然惡化，於五月十三日，與世長辭，享年七十六歲。緬懷教授一生辛勞，為國家、為青年、為家人付出無比心血。退休之後，理應含飴弄孫，安享清福之時，竟而撒手人寰，實乃人生之一大憾事。

追念之餘，謹述行誼，以垂後範。

錄自國史館藏〈郭鏡冰先生事略暨訃聞〉（郭趙汝福女士提供）

感念郭老師鏡冰教授

林見昌(3)

林見昌，應數系畢業。
資料來源：《省立中興大學民國54年畢業紀念冊》

在今年（編按：民國88年）設置「林致平學術基金」及於七月十三日舉辦「林致平紀念研討會」之後，我即思索著也該舉辦學術會來紀念郭老師鏡冰教授，其良師典範是後輩學習的榜樣。

我在民國五十年進入中興大學應用數學系，當時林致平院士剛就任校長。第二年在我升大二時，郭老師應聘來興大應數系並教我們「理論力學」；理論力學本來就很有內涵與深度，他又採用一本Becker寫的教科書，剛開始同學都覺得這門課很難；但是在郭老師慈祥認真且深入淺出、有條有理的講解之下，漸漸地都能跟上學習進度，我則開始對這個力學課程產生了濃厚的興趣。郭老師上課非常認真，並能捉住學生反應，從他的講解條理分明可以看出他對教材準備用功之深，他把教材重點都寫在一張張的卡片上，上課時只見他左手握著一疊卡片，右手拿著粉筆，忽兒配合手勢對著同學以和藹而自信的表情滔滔地講述，忽兒在黑板上振筆書寫那既瀟灑又簡單明瞭的教材說明。郭老師很重習作，對同學之學習要求雖嚴，卻是如子弟般相待，常邀同學到他宿舍家中相聚吃餃子，同學感受到的是他慈祥與關心。郭老師有氣喘的老毛病，有時發作咳得厲害，但他仍抱病一樣認真地上課而不缺課。

民國六十二年，在我獲得博士學位後即應聘回到母系任教，六十八年，接任系主任。在系主任六年期間，我為系務常向郭老師及丁振成老師兩位師長請益，他們也給予最多的關心與協助。郭教授在我心目中不但是位良師，而且他自奉儉樸，刻苦成習，性情溫和，待人以誠，熱心公益，尤以孝親聞名，良為典範。從我大二受教於郭教授起，到他於八十二年病逝的卅一年期間，我不斷的向他學習，也時常受到他的關照，這些學習與關照充實了我的人生，我永遠感念著。

錄自《興大校友》第9期(4)

註　解

(3) 林見昌，1941年生。1965年，興大應數系畢業。1973年，獲得美國喬治亞理工學院博士，旋即返回母校興大任教。1979年，擔任應數系主任。其後陸續擔任興大計算機中心第一任主任、應用數學研究所所長、理學院院長等職。

(4) 《興大校友》，第9期，1999.5，頁49。

陳國成（1930-2020）

陳國成，時為化學系講師。

資料來源：《省立中興大學民國52年畢業紀念冊》

陳國成簡歷

民國19.06.27 — 民國109.04.18

　　陳國成，字子實，民國19年（1930）6月
27日於北京市出生，祖籍福建省林森縣。36
年，隨雙親渡台，以同等學力首名錄取台中農
學院農業化學系，在學4年獲公費獎學金，研
讀範圍甚廣，[1]民國40年，21歲以第一名成績
畢業該校。民國42年，與知己江瑞湖同學結婚
並受基督洗禮。謹遵慈訓，未敢遠離，放棄留
學機會。並繼承父志，擔任教師職務。曾任教
空軍子弟中學、台中高農及台中一中等校。

大學時期（民國38年），陳國成（左一）參加省立農學院考生服務團。

資料來源：興大校史館

民國47年，應聘至中興大學化學系任教，53年暑期至台灣大學化學研究所進修，撰寫新制高中化學教本和實驗。多年來編著和譯述甚豐，包括大中國版之參考化學、大學生物化學及實用有機化學等，及東華本鮑林大學化學譯本。民國48年，家嚴憂患國事去世；民國53年，家慈操勞節儉，懷念

陳國成上課留影，時為化學系副教授。
資料來源：《省立中興大學民國59年畢業紀念冊》

大陸家人，也離人間。幸而內子相依扶持，培育二子一女，兼顧內外，同窗共讀，養成全家讀書習慣。民國55年，獲國科會遴選公費出國深造，57年，畢業於美國加州大學（戴維斯分校）食品科學研究所，獲科學碩士，同年當選美國食品科學技術學會會員。在美國和西德發表多篇核苷酸化學分析論文。歸國後繼續在興大執教，並兼任逢甲工商學院教授。曾應省府之邀在省立台中圖書館兼任研究員，擔任科學教育中心主任職務，決心投入科教推廣工作。62年，著手主編生活科學暨自然叢書，引起國際注目，後應聘擔任美國時代出版公司中文版科學顧問。64年，協助興大建立環境工程學系，轉任該系任教，從事固態廢物研究，創辦第一本我國語文的「自然雜誌」。67年9月，應西德CDG基金會邀請，至亞洲理工學院參加亞洲第一屆固態廢物處理研討會，提出台灣區都市垃圾衛生掩埋法。70年，擔任教育部文化建設規劃委員及兼任幼獅文化事業公司之圖書審議委員和科學大辭典總編輯職務。復為國家興建首座自然科學博物館及科學中文化而努力。82年，主持撰寫《台中市環境白皮書》。至84年，任教滿40年，獲頒行政院壹等服務獎章。

註　解

(1) 陳國成除了修習農化系的學分，也旁聽外系的課程，如農經系尹樹生講授的「農業合作」。參蔡宗憲，〈筆記題辭——尹樹生與陳國成的師生情誼〉，《興大校友》，第32期，2022.11，頁56-59。

左起陳國成、教育部長李煥（任期1984-1987）、興大校長貢穀紳（任期1984-1988）、江瑞湖合影。

資料來源：興大校史館/貢中元先生提供

學歷

　　國立中興大學農業化學系農學士

　　國立台灣大學化學研究所化學教學研究

　　美國加州大學（戴維斯分校）食品科學碩士

　　亞洲理工學院環境評估與管理研究

經歷

　　省立台中第一中學化學科教師

　　國立中興大學化學系講師、副教授、教授

　　國立中興大學環境工程系教授、系主任

　　教育部文化建設規劃委員會委員

　　省立台中圖書館研究員兼科教中心主任

　　幼獅文化事業公司圖書審議委員

　　幼獅數學大辭典總編輯

美國時代出版公司科學文庫中文版編輯顧問

國立自然科學博物館籌備處顧問

國立歷史博物館研究發展委員

台北市科學出版事業基金會董事

國立中興大學食品科學系系友會第二屆理事長

中國化學會出版委員會委員

洪建全教育文化基金會出版叢書總校訂

中華民國自然生態保育協會出版委員

光復書局科學眼雜誌編輯委員

特殊貢獻與榮譽

民國66年（1977），優良圖書金鼎獎（大中國圖書公司出版《大學生物學》）。

民國72年（1983），創辦自然雜誌，獲教育部獎狀。

民國73年（1984），圖書主編金鼎獎（幼獅文化事業公司出版《幼獅數學大典》）。

第五屆（民國76年）、第七屆（民國78年）及第九屆（民國80年）省政新聞獎雜誌部分優等獎。

1992年12月，當選美國紐約科學院執行會員。

1993年9月，列名登錄第12版MARQUIS「世界名人錄」。

1995年11月，獲得美國傳記學會「國際文化榮譽獎狀」及1996年年度成就獎。

1997年，列名英國劍橋國際傳記中心第3版「國際成就名錄」。

1998年1月，列名登錄第4版MARQUIS「世界科學與工程名人錄」。

節錄自《國事國是》(2)

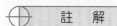 註　解

(2) 陳國成，《國事國是》（台中：自然雜誌社，1998），頁230-233。

陳國成先生生平紀略

王一三

陳國成學兄，字子實，祖籍福建省林森縣，民國十九年六月二十七日出生於北京。民國四十年，畢業於台灣省立農學院（今之國立中興大學）農業化學系，曾入台灣大學化學研究所，繼入美國加州大學戴維斯分校研究院，民國五十七年（1968）獲得理學碩士（食品科學技術），後又一度在亞洲理工學院進修，研究環境評估與管理。

渠從農學院時代開始，在中興大學服務三十餘載，由助教升任化學系教授，於七十年轉任環境工程系教授，現今尚在任中。曾已或現在仍在擔任之工作，計有省立台中圖書館研究員兼科技中心主任、美國時代出版公司科學文庫中文版編輯顧問、幼獅數學大辭典編輯、國立自然科學博物館籌備處顧問、自然科學雜誌創辦人、科學月刊編輯委員、國立歷史博物館研究發展委員。

國立自然科學博物館籌備處在中興大學開顧問會議，左四為陳國成，右二是漢寶德。（1984）

資料來源：《科技報導》第484期(3)

⊕ 註 解

(3) 《科技報導》有兩篇紀念陳國成的文章，分別是張之傑的〈憶陳國成教授〉，及劉源俊的〈一位獨行的科學教育家——紀念陳國成教授〉，《科技報導》，第484期，2022.4。

渠生平獲得之獎賞與榮譽，計有（一）美國食品科學與技術學會會員，（二）美國環境工程師學會會員，（三）一九九二年十二月當選美國紐約科學院執行會員，（四）一九九三年九月，登錄第十二版 MARQUIS「世界名人錄」，（五）民國七十三年圖書主編金鼎獎，（六）七十七年教育部頒發大學教師教學滿三十年獎。

渠之生平專著，計有（一）由大中國圖書公司出版者：生物化學論叢（第一輯、第二輯）、大學化學、參考化學、實用有機化學、大學生物化學、生物化學圖解、環境科學、圖書科學大辭典。（二）由開明書店出版者：《化學理與計算》。

陳國成、江瑞湖夫婦於台北故宮博物院合影。
資料來源：興大校史館／翁碧玲女士提供

國成學兄一生從事著述與編輯工作，孜孜不倦，功在國家。渠在家庭方面，與夫人江瑞湖教授二人同心同德，育有子女三人，長子中山醫學院畢業，為牙科醫師。次子在美國馬利蘭大學學電腦有成。么女亦在美國加州大學攻讀，誠為現代一幸福之家庭也。

錄自《浮生紀略》[4]

 註　解

(4) 王一三編著，《浮生紀略》（台中：作者自印，1995），頁148-149。

憶在台中一中的歲月

趙天儀[5]

陳國成，農業化學系畢業。

資料來源：《省立農學院第二屆畢業紀念冊》

（民國40年）

……

離開母校已經四十多年了！一九四八年，我考進了省立台中一中初中部，在那裡渡過了我的少年、青少年時代。那時初中部和高中部是聯接的，我在那時代，也有過我的夢想，我的憧憬。

……

在台中一中的日子裡，有些老師，值得令人尊敬與懷念，當然，也有些老師，也令感嘆，在誤人子弟。在令人尊敬的老師中，有些老師，可能改變了學生的一生。對我發生影響的老師中，有三位老師，想在此一提。

第三位是陳國成老師，他是我高二的化學老師，因為他剛剛從台中農學院畢業，年輕又熱情，口才又好，使枯躁的化學變成生動活潑，加上他為人有親和力，不久，我們師生常常一起上學，一起回家。下大雨時，他使用三輪車送我到家門口。在他的影響之下，我更進一步對自己有更深刻的期許。目前陳老師已從中興大學環境工程學系退休，有機會看到老師和師母伉儷一家的成就，令人高興。

節錄自《國事國是》[6]

註　解

(5) 趙天儀（1935-2020），曾任台大哲學系教授、靜宜大學中文系教授兼文學院院長。

(6) 陳國成，《國事國是》，附錄，頁108-109。該文原刊於《台灣日報》，民國86年5月27日，副刊。

閻若珉（1907-1989）

閻若珉，時為教務主任。

資料來源：《台灣省立農學院第六屆畢業同學紀念冊》
（民國44年）

敬悼閻若珉先生 孫守恭[1]

民前05.02.03 ── 民國78.02.28

前台灣省立農學院植物病蟲害學系教授，也是本會永久會員閻若珉先生，痛於1989年2月28日病逝美國加州泉源谷寓所，享年82歲，謹以此文紀念一代真菌學者及植物病理學家。

閻若珉先生，1907年生於山東省博山縣，排行第四，自幼聰穎過人，瀟灑英俊，在山東省益都高中畢業後，進入北平

大學農學院生物學系（即今之植物病蟲害學系）。1931年畢業，旋即考取山東省公費，留學法國巴黎大學，隨Roger Heim教授，[2]攻讀真菌學。1936年，以小麥黑穗病菌之細胞學研究論文，獲巴黎大學博士學位，隨即返國，適逢盧溝橋事變，未能返鄉，即應安徽大學之邀，前往安慶任教。不久，南京吃緊，又遷至四川成都，任教四川大學，擔任系務並教真菌學。1945年，抗戰勝利，應邀回山東濟南，出任山東省農林處處長，一年後任命為山東省立農學院院長。

1948年底，濟南淪陷，閻先生輾轉至廣州，任教中山大學，不及一年，應聘來台，任教台灣省立農學院達七年之久，其間曾出任教務長及農教學系主任。1955年，應新加坡南洋大學之聘，全家赴新島。[3]

⊕ 註　解

(1) 孫守恭（1918-2015），山東壽光人，畢業於四川大學，著名的植物病理學者。民國37年（1948），渡海來台，先在鳳山熱帶園藝試驗所工作，後任教於台中省立農學院。閻若珉為孫守恭的二姊夫。參見黃振文、林景淵合編，《經師人師──孫守恭教授紀念文集》（新北市：遠景出版公司，2015），頁10-23。

(2) 羅傑‧海姆（Roger Heim，1900-1979），法國植物學家，專門研究真菌學和熱帶植物病理學。

(3) 閻若珉前往南洋大學的時間應為1957年，據孫淑賢悼文，閻係1949年任教於省立農學院，在台灣住了七年，約當1956年。而王一三說，民國46年（1957）閻若珉係受其巴黎大學同學，時任新加坡南洋大學理學院院長的鍾盛標（1908-2001）之邀，前往該校生物學系任教。參王一三，《浮生紀略》，頁126。今查鍾盛標1955年時為東海大學物理系主任，1956年始前往南洋大學。鍾盛標就任後邀約，時間落在1956年較為合理，閻若珉則是在1957年前往任職。

植病系師生合影，前排右起依序為貢穀紳、張書忱、閻若珉、羅清澤，前排左二易希道，後排左四江瑞湖。

資料來源：《臺灣省立農學院第二屆畢業紀念冊》（民國40年）

　　南洋大學成立之初，持有崇高理想，自台灣羅致台大、師大、農學院知名教授多人，前往任教。後由左傾人士主政，多人紛紛求去。此時，巴黎Heim教授赴新加坡與閻先生晤面，乃力促閻先生赴巴黎國立自然歷史博物館，從事真菌學之研究。(4)自1964年至1973年，專心研究尾子菌、白粉病菌及銹病菌，十二年間，發表論文百餘篇，其中包括許多新種。

　　在台中省立農學院任教期間，發現甘蔗葉枯病菌（*Cercospora taiwanensis* Mat. et Yam.）之有性世代為（*Leptosphaeria taiwanensis* Mat. et Yam.）Yen et Chi，甘蔗堅黑穗病菌（*Sphacelotheca macrospora* Yen et Wang），及花生葉燒病菌（*Leptosphaerulina arachidicola* Yen, Chen et Huang），均為新種新記錄。

⊕　註　解

(4) 據王一三說，閻若珉前往巴黎一國家機構Laboratoire de Cryptogamie研究，該機構隸屬於法國國立自然史博物館。參王一三，《浮生紀略》，頁126。

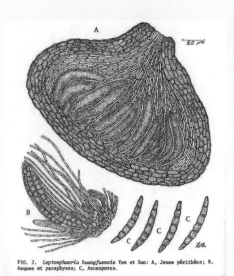

閻若珉手繪菌類型態圖片
資料來源：*Mycotaxon*, VII, 2, 1978.9, p396.

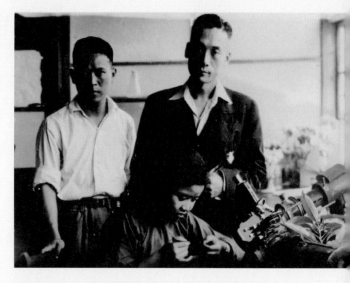

閻若珉（右）與講師陳大武（左）在研究室
資料來源：《臺灣省立農學院第三屆畢業紀念冊》（民國41年）

　　自1937年日軍侵華開始，沿海各省戰亂不停，各校紛紛遷至後方各省，當時物資缺乏，日機轟炸，無一日安寧，除教書外，殊少安心研究。1945年後又逢內亂，戰火遍及全國，閻先生自廣州至台灣又至新加坡，安定研究之時不多。自1964年後在巴黎12年間，始專心研究，其間發表論文百餘篇，其學識及智慧，確令人敬佩。所有菌類型態圖片，均親自手繪，真具有科學藝術天才。

　　閻先生有子女七人，現均定居美國。他自己退休後，也至美國定居。有時想續其研究，但環境不能如願，然仍整理報告，發表於美國之*Mycotaxon*雜誌。晚年環顧書房內六個書架之腊葉標本及書籍，呐呐自語：「這就是我的成績與財富。」

註：

　　　　1934年，松本巍教授及山本和太郎發表甘蔗葉枯病新病害，病原菌為*Cercospora taiwanensis* Mat. et Yam。1979年，台灣糖業研究所謝文瑞先生（現為中興大學教授）重新研究甘蔗葉枯病，很少自葉枯病斑上分離到*Cercospora*，却常得到*Leptosphaeria taiwanensis*。由*Leptosphaeria taiwanensis*之培養上則產生*Stagonospora*，因此證明*Stagonospora taiwanensis* Hsieh為甘蔗葉枯病菌*Leptosphaeria taiwanensis* Yen et Chi之無性世代。

錄自《植物保護學會會刊》31卷4期[5]

註　解

悼念亡夫閻若珉先生

閻孫淑賢(6)

亡夫閻若珉先生，山東省博山縣人，生於一九〇七年三月十六日（農曆民前五年二月初三），不幸於一九八九年二月二十八日病故，遺體安葬於美國加州橙縣West Minster Memorial Park墓園。

若珉，你終於鬥不過癌症，撒手西歸了。你曾經告訴我：「雖然膀胱動大手術割除了，頻換尿袋麻煩些，但至少免了如刀割般的痛苦。醫生也說過，有些人割除膀胱後，還能到處旅行呢！」我正為此而慶幸，豈知癌細胞已經蔓延他處；同時你又感染肺炎，肺中積水，呼吸困難。醫生用細長的膠管由鼻孔伸入肺裏抽水；你皺眉強忍。事後啞聲告訴我：「這罪可受大了！」我聽了心如刀割。

你雖然堅強的跟癌症奮鬥了一年多，你心中早已料到自己的壽命沒有多久了；悄悄地為我買下了很多人參及蜂王精等補品，真替我設想周到。

我一九八〇年心臟開刀，一九八二年中風；你照顧我無微不至，每天早晚為我準備好補品，有時我因手腳疼痛忍不住哭泣，你總柔聲安慰我：「淑賢，我多希望痛的是我而不是妳，妳要堅強啊！我倆會相依為命度過此生的。」可是你病後我卻沒有能力好好地侍候你。如今你已永離我而去，我再也沒有機會補償了；每想到這裏，心如刀割，忍不住淚珠滾滾，痛哭失聲。

若珉，我們結婚五十多年，回憶過去的歲月，因為生不逢時，也是苦多樂少。你在法國巴黎大學學成回國時，正值盧溝橋事變，中日戰爭開始，沿海各港口日軍準備登岸；因此你離家五年，也未能回山東見老母一面，就匆匆到安徽安慶大學任教了。

不到一年，南京吃緊，安徽正學奉命疏散，我們拼命擠上一艘開往漢口的輪船，由漢口再坐船去重慶；但人多船少，我們走走停停，足足花了兩個月的時間才抵達重慶。當時重慶是戰時的陪都，故成為日機轟炸的目標，所以你決定去成都，就任四川大學病蟲系系主任之職。

⊕ 註　解

(6) 孫淑賢，山東壽光人，畢業於私立北平中國學院，曾任山東省立濟南女子中學教員、山東省立農學院講師、台灣省立農學院講師、新加坡中正中學教員。參王一三，《浮生紀略》，頁126。

　　若珉，你還記得有段笑話嗎？我們在川大宿舍的後院住著一位女教授，有天晚飯後我們聊天。他說：「閻太太，你知道嗎？這次教育部甄選逃往後方的公教人員，第一名教授還是女的呢！名叫閻玫玉，被分發到中央大學，真替我們婦女爭氣，增光不少。」我忍不住笑著說：「那是我先生，他的名字是玫玉，號若珉。因為我們喜歡成都，所以已經寫信給教育部放棄中央大學的職位了。」

　　抗戰八年，我們生了六個兒女，一九四五年勝利後，大家紛紛復員。你先乘飛機去濟南，就任農林處處長，繼任農學院院長，我因為第六個孩子剛出生不久，不適宜長途旅行，三個月後才和孩子們乘空軍的大卡車先到寶雞，再坐火車去蔡家坡我姐姐家，費了許多時日和波折才到了濟南。

閻若珉與妻子孫淑賢娘家親人合影，民國36年（1947）2月16日攝于濟南。中排坐者由右至左依次為孫守恭、孫淑賢、孫母、閻若珉、孫守恭之弟。

資料來源：孫維廉先生提供

　　抗戰勝利後，日本人紛紛回國，共產黨乘機崛起。一天你聽說共產黨要圍攻濟南，匆忙回家吩咐我們收拾行李，立刻乘火車去南京。這時我們最小的女兒滿月不久，果然我們坐的是最後一趟火車；以後鐵路被破壞，濟南淪陷，殺的殺，搶的搶，十分可怕。你化裝到青島轉南京，我們一家又團圓了。

　　一九四八年，我們由南京到廣州中山大學。共產黨節節逼近；我們一家大小又乘船到臺灣。四十九年，你任教臺中農學院病蟲害系，在臺灣住了七年；七個兒女由小學至大學都有，負擔越來越重，乃應聘至新加坡南洋大學。

民國46年（1957），離台去新加坡之前全家合影。
資料來源：孫維廉先生提供

民國52年（1963）春末，閻若珉（右二）與王一三（右一）兩家於新加坡合影，右三是閻妻孫淑賢，左一為其女。王一三原係省立農學院農化系教授，民國47年（1958）亦轉往南洋大學任職，左三和左二分別是他的兒子與媳婦。(7)

資料來源：興大校史館

　　一九六四年，你再度到巴黎國家科學研究院從事研究工作，原因出人意料之外。當年在臺中時，我們的大女兒就讀臺中女中；她的化學老師假期出外旅行，採到一個非常美麗的大靈芝，他喜愛靈芝，但對靈芝方面的知識一無所知。查書後知道法國國家科學研究院Heim先生對靈芝頗有研究，乃寫信請教，Heim先生回信說：「你們中國有位閻若珉先生，他是真菌學專家，對靈芝很有研究；你可就近請教。」化學老師接信後，不知道這位先生身在何方？在大陸？還是臺灣？到那裏去找？乃問我們的大女兒：「你知不知道有位與你同姓的閻若珉先生？」我們的大女兒說：「那是我爸爸呀！老師找他有事嗎？」經過許多周折，才知道第二次世界大戰之後，你留學巴黎的指導教授Heim先生尚在人間。你喜出望外，立刻去信聯絡，但無回音。至新加坡再度去信，數年後始接到回信；原來大戰時期，他被德軍關入集中營，數年之後才被釋放回到巴黎，乃立刻回信，並特地去了趟新加坡與你會面。他關切地詢問你這些年在那方面做研究？你

　　註　解

(7) 王一三在〈農院與興大同仁：閻若珉〉中說：「若珉兄與我之關係，有三同：一、（民國26年夏秋之交）在（法國）馬賽與我同船回國，二、在台灣省立農學院與我同事，三、在新嘉坡南洋大學再與我同事，因此三同，情誼深厚，回憶昔日相聚之情景，不禁憮然！」《浮生紀略》，頁126-127。

述說回國後的一切經過，他說：「放棄研究工作太可惜了。可願意再回巴黎做研究？」對你〔來〕說這是求之不得的機會，但兒女眾多，收入能否維持一家的生活？Heim先生計算之後認為沒有問題，就作了決定。他在新加坡遊覽了幾天，回到巴黎，巴黎立刻寄來聘書，你接到聘書馬上飛往巴黎科學研究院做你熱愛的研究工作了。

一九六七年，我和最小兒女也到了巴黎與你相聚。我們四人在一塊過了一段平和、安適的日子，一年之後，兒女們陸續由臺灣、新加坡和巴黎都到了美國。只剩下我們兩人留在巴黎；有時我們被滿屋的寂靜和孤獨而環繞，你會輕輕地嘆息著說：「小鳥全長大離開窩了，只剩下我們兩隻老鳥了。」十餘年後你退休，我們也來美國加州定居。

在巴黎的十二年間，你發表了一百多篇研究報告；其中很多屬新品種。你的著作、標本、書籍及雜誌堆滿了書房的六個大書架。你有時環顧書房會說：「這也算我唯有的成績和財富吧！」若珉，你怎麼就這樣丟下我及這些視為至寶的財富走了呢？

老天爺也太不公平了，你辛辛苦苦煎熬了一生，沒過了幾年輕鬆的生活，就被癌魔奪走了生命，我的眼淚已經哭乾，我的心中在滴血。若珉！如果這是上天的安排，那你就好好地安息吧！你再耐心的等等，有天我們會再相聚的，我們到那時就真正的永不分離了。

附記

閻若珉先生，於第二次世界大戰前，留學法國，獲巴黎大學博士學位。以植物病蟲害學之研究，馳譽國際，且有頗多成就，曾為國際同研究範圍之學人所引證。抗戰勝利後，曾任山東省政府建設廳農林處長、山東省立農學院長。來臺後，任臺灣省立臺中農學院教授。旋應邀任新加坡南洋大學教授。不久復被法國科學研究院邀約，擔任研究工作十餘年，收穫更豐。退休後住美國洛杉磯，每年仍返法國一次，領取退休金維持生活。閻先生夫婦伉儷情篤，終生服務不離所學，特附記以為老友行誼略作說明。

劉道元
〔民國〕七八、九、一九

錄自《山東文獻》第15卷第2期(8)

(8)《山東文獻》，第15卷第2期，1989.9，頁24-26。此篇悼文發表後，同鄉後輩顧秉修得知噩訊，也發表〈悼憶鄉前輩──閻若珉教授〉，追憶當年留法時，與室友受到閻先生關照的往事，見《山東文獻》，第15卷第4期，1990.3，頁44-45。

關崇智（1925-2005）

追悼一位默默耕耘的昆蟲學家——關崇智教授

民國14.11.05 — 民國94.04.07

侯豐男 [1]

關崇智，時為昆蟲系副教授。
資料來源：《省立中興大學民國52年畢業紀念冊》

侯豐男，時為昆蟲系副教授。
資料來源：《國立中興大學民國66年畢業紀念冊》

本系關崇智教授於本（2005）年4月7日中午在台中市中國醫學大學附設醫院驟逝，全系師生至為震驚。關師自退休後一向身體健朗，每天都到校運動、看書、寫字、作畫等，十多年如一日。在三月下旬他隨團出遊，回來後身體不適，經就醫診查；詎料發現罹患胰臟癌末期，治療兩週無效，終至蒙主恩召，享年81歲。獲悉此惡耗不禁哀傷落淚，頓感痛失恩師。關師為人謙和，心地善良，敬業樂群，我們與他相處有亦師亦友之感；如今他的辭世，我們不但失去一位良師，也失去一位益友，讓我們永遠懷念他！

關師於1925年11月5日生於遼寧省開原市八寶鎮大灣屯，其乃位於瀋陽與長春之間的城鄉。幼年雖家境不裕，但也算是出自書香門第。當時東北地區戰亂頻繁，民不聊生。關師即在偽滿州國統治下，完成中小學教育。在1944年考入國立長白山師範學院博物學系就讀，及至大三受國共內戰的影響，該校自東北遷往廣州至海南島，後來流亡到台灣才完成大學學業。在苦難中求知識，在戰亂中受教育，使關師鍛練出堅忍不拔的精神。畢業後經師長推介給當時的省立農學院（中興大學的前身）植物病蟲害學系羅清澤主任，受聘為助教輔佐昆蟲組的張書忱及貢穀紳等教授的各種昆蟲學課程。[2]

關崇智與植物病蟲害學系同學

資料來源：《省立農學院第三屆畢業紀念冊》（民國41年）

　　他在流亡學生期間，由於營養不良，導致罹患眼球後視神經炎宿疾，視力欠佳，看書時常需借助放大鏡；可是他意志堅強，不畏眼疾的困擾，上課前先預備教材，牢記在心，課堂上不用再看課本或教材，仍然講授如流。記得本人自大二至大四期間，因為張書忱老師出國，以致加重關師的授課科目；例如昆蟲分類學、昆蟲形態學、昆蟲研究法、昆蟲生理學、森林昆蟲學等都是由他主授或分擔授課。在他諄諄教導之下，使我們受益良多，也讓我們順利踏入昆蟲界這一行。畢業後，我班上有十多人考取高等考試，本人尚在當時競爭劇烈下，考上台大植物病蟲害學研究所，這一切都是拜關師所賜，實在令我們心存終生感激。

　　關師在1965年晉升為教授，並於1970年被選派赴日本東京農業大學研究一年。他原在東北求學時已諳日語，所以到日本進修可稱得心應手，成果豐碩，亦頗獲該校教授賞識，同時奠定他往後編著書籍及兼授日語課程之基礎。

　　關師平時廣閱生物學各門學科之書報及資料，尤其精通普通生物學課程內容，故多年受聘為中國醫學大學醫科大一的普通生物學兼任教授，在醫界也是桃李滿天下。

關崇智，昆蟲系主任。
資料來源：《國立中興大學民國64年畢業紀念冊》

⊕ 註　解

(1) 侯豐男，民國53年（1964）省立中興大學昆蟲系畢業，後執教於昆蟲系，現為國立中興大學昆蟲系榮譽講座教授。

(2) 據《省立農學院第三屆畢業紀念冊》（民國41年），關崇智的籍貫為遼北開源，國立長白師範學院畢業，職稱為助教。他在悼念張書忱教授的文中提及，自己是在民國39年（1950）秋到省立農學院，與張教授是東北同鄉。見《昆蟲學會學報》，第15卷第1期，1980.12，頁8。

黃讚，時為昆蟲系客座副教授。
資料來源：《國立中興大學民國 64 年畢業紀念冊》

孫志寧，時為昆蟲系副教授。
資料來源：《國立中興大學民國 66 年畢業紀念冊》

在1974-1980年間，關師獲聘為中興大學昆蟲學系及研究所主任及所長，時值研究所成立之初，所務尚未就緒。在關師開誠佈公及苦心經營之下，廣自海外延攬新人，前後延聘侯豐男、蘇宗宏、齊心等，並培育施劍鎣在美完成博士學位回國任教，注入新血。系上原已有黃讚及孫志寧兩位博士，遂使系上師資陣容更為充實，亦使本系所轉型，由偏重教學轉變成兼顧研究的型態。他對本系所發展之重大貢獻，有目共睹；他的努力及付出，讓我們衷心感念。

關師平時喜愛閱讀，也善於編輯工作，常搜集外文教科書及參考資料，編撰成書。茲將他的編著書目列舉如下：一、森林昆蟲學（1963），二、標本製作法（1971），三、昆蟲生理學（1987），四、昆蟲生理學精要（1992），五、生物學發展史（1994），六、蜂王漿、蜂蜜、花粉（1999），七、蜂膠的認識與體驗（2002），八、昆蟲系統解剖學（2004）。以上共八本專書，其中四本被列為大學用書；尤其最後出版的一本係他退休後的嘔心傑作。這本他完全用放大鏡（視力已大減）搜集及閱讀資料，編撰而成，其內容新穎豐富，印刷精美。全書共分二篇17章557頁，由國立編譯館主編，屬部編大學用書，亦為許多相關科目理想的參考書。關師應屬國內出版昆蟲學專書最多者之一，可見他對於教學的努力及專注，委實令人敬佩。關師一生奉獻於昆蟲學的教育，50多年一路走來始終如一，作育英才，與世無爭，堪稱一位默默耕耘的昆蟲學家。

關師身後有師母謝素鳳女士，她痛失相伴長達48載，恩愛一生，相互扶持的伴侶，傷心萬分。長女永寧，服務於中國醫學大學附設醫院，夫婿在銀行擔任要職。次女永原，襄夫在台中市開設耳鼻喉科診所。三女永馨，在中興大學師資培育中心任教，夫婿曾國欽博士，為同校植物病理學系教授。長子東原夫婦，皆任職於中央信託局。全家和樂，各個事業有成，悉仰賴關師對家庭的苦心經營及付出的愛心。如今他已離我們而去，我們和他的家人一樣，懷著一顆感恩的心，寄以無限的懷念。關老師，請安息吧！

錄自《台灣昆蟲》第25卷3期(3)

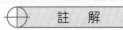

註 解

(3)《台灣昆蟲》，第25卷3期，2005.9，附錄。

關輔德（1900-1984）

關輔德，農教系主任。
資料來源：《省立農學院第八屆畢業紀念冊》
　　　　（民國46年）

關輔德先生事略
民前12.06 — 民國73.02.03

　　關先生輔德，字義珊，民國前十二年六月生。世居遼寧省岫岩縣，父恩九公。務農，母王氏，賢淑有聲，一家相處，晏如也。

　　先生髫齡，秉庭訓而受書，天資穎異，課讀不輟，於中學卒業後，民國九年考入北平師範大學。習英語，以優異成績畢業，公費留學。獲美國康乃爾大學及哥倫比亞大學碩士。

　　由於矢志革命，入中國國民黨，經受訓革命實踐研究院二十一期與革命實踐研究院黨政軍聯戰班二期，結業成績，冠於儕輩。先後剔任北平輔仁大學教授、國立北京大學教授、國立北平師範大學教授、北平東北大學教授、湖南大學教授、陸軍機械化學校工程學院教授、教育部特設濟南臨時大學教授兼訓導長、國立長春大學教授兼總務長、教育部專門委員、台灣省立農學院教授、[1]國立台灣師範大學教授等職。從事教育，歷數十載。著有教育心理學的趨勢、英文文法及修辭學綱要等書，洵洵儒者，足為世法。

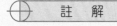

註 解

(1) 關先生係於民國38年（1949）到省立農學院任教。參陳俊明，〈農教系回憶〉，《興大校友》，第9期，1999.5，頁51。

農教系師長與畢業同學合影，前排左六為院長王志鵠、左七為系主任關輔德。
資料來源：《省立農學院第十屆畢業紀念冊》（民國48年）

　　既而毛共倡亂，避匪禍於民國三十八年五月偕眷經滬來台，初時生計艱難，先生深居寡出，甘粗糲，少交遊，無爭無忤，不怯不求。近年來退休後，身心尚屬康強，雖年逾八十高齡，猶健步習勞苦。詎料今歲元月二十七日，忽覺昏眩，經送台北市三軍總醫院急救，藥石無效，竟於二月三日六時而長逝矣。夫人李國華女士隨侍在側，餘家屬多人，均陷大陸，爰綴數語，以為諸君子告。

錄自《東北文獻》14卷3期 (2)

──⊕── 註　解

(2) 資料室，〈關教授輔德先生事略〉，《東北文獻》，14卷3期，1984.2，頁55。

附錄：美援與農教系

美國經援顧問建議

民國41年，政府接受美國經援顧問提出的建議，規畫職業教育，從師資培育著手，課程與教學逐一改善；隔年（42年）教育部核准設立三年制專科學校。同意績優高職改制為專科學校，並在同年舉行的「中美工業教育座談會」中，決定採行「單位行業課程」，專攻一種行業的知識與技能。

省教育廳採此建議，於42年設立「省立臺灣師範學院工業教育系」，負責培育工業師資；44年設「省立臺灣農學院農業教育學系」，培養農業教育所需師資；60年設立「臺灣教育學院」，培養國中及職校師資，增加專科學校畢業生就業機會。

54年第四期「四年經建計畫」，公布〈五年制專校設置暫行辦法〉、〈專科以上學校夜間部設置辦法〉，擴大辦理推廣教育，隔年（55年）要求高中、職學生人數比例調整為六比四，擴充工職學生人數，改進農、商職業教育。57年「第二期人力發展計畫」，訂出高中、職學生人數比例，希望於61年達五比五，66年達四比六目標，並核准設置二年制專科學校。同年（57年）國民義務教育延長為九年，與國民學校重疊的初級職業學校全面停辦。

62年，經濟設計委員會（經設會）提出擴大辦理建教合作，限制五專擴充並調整科別，高中、職學生人數在十年間調整為三比七，停止高中擴增，工業、商業、水產、醫事類職業學校增加招生，至70年代末期另予調整。

……

省立農學院農業教育學系

民國44年，臺灣省立農學院設立農業教育學系，是當時唯一培育農業職業教育師資的學系，學生在校修讀四年，在農校教學實習一年，共計五年畢業，為全公費生，與師範學院學生同等待遇。省立農學院與省立師範學院相同，都接受美援，並有美籍顧問駐系參與作業。第一任農業教育學系主任關輔德教授，[3]經常於寒暑假舉辦「農校校長、教務主任、農場實習主任」等各班研討會，對臺灣農業職業教育極有幫助。

美籍顧問魏爾克先生（Mr. Wilkey）

資料來源：《臺灣省立農學院農具師資科第一屆
結業生紀念冊》（民國47年）

農教系師生致贈「農教導師」錦旗給美籍顧問魏爾克先生

資料來源：興大校史館／貢中元先生提供

　　48年，全臺灣有四十三所農業職業學校，直屬於教育廳第三科（職業教育科）管轄，農學院（包括農業教育學系）則屬於第一科（高等教育科），但農業教育學系亦負有輔導農業職業教育之責，畢業生亦為合格的農校教員。

　　為培育農校師資，農教系學生可按其志願選修其他農學院各系課程。各系不只為農教系開設課程，亦遴派教師為指導人員。農教系回應各系開設課程教學之需，編列預算為各系添置儀器教具，加蓋教學廠房、實驗室，以及指導人員費用。儼若小型農學院。

　　50年，臺灣省立農學院與臺灣省立法商學院合併為「臺灣省立中興大學」，60年升格為國立中興大學；(4)61年，農業教育學系取消公費。

錄自《臺灣學通訊》第129期 (5)

註　解

(3) 此處任期有誤，民國44年（1955）八月，省立農學院成立農業教育學系，首任系主任應為閻若珉。關輔德教授為第二任，任期為民國45年（1956）八月至48年七月。參《興大七十年》，頁245。

(4) 原文作55年，明顯有誤，逕改為60年。

(5) 鍾權煌，〈職教師資搖籃──臺師大工教系、興大農教系與彰師大〉，《臺灣學通訊》，第129期，2022.11，頁17-18。

附　錄

二、校勘記

彙編（一）

王天民：頁10-11，卒年月日「民國72.07.30」應改為「民國72.07.
?」。頁10，據《民國68年教職員名錄》，王天民出生年應為
「民前1年（1911）」。頁11第1行第1段，「內」，改為
「內」。

王文甲：頁14-16，文中對於王文甲的生年有兩個不同記載，一是民前
四年（1908）生，一是1906年。或當以民前四年（1908）為
正。頁17第3段第1行，「專」，改為「專」。頁18第1段第4
行，「內」，改為「內」；「專」，改為「專」。

石騰芳：頁28第1段第12行，「產」，改為「產」。

宇國勝：頁31第3段第3行，「內」，改為「內」。

朱應麒：頁33第2段第1行，「內」，改為「內」。頁33第2段第2行，
「產」，改為「產」。頁34第1段第5行，兩處「內」，改為
「內」。

吳國棟：頁36第3段第1行，「內」，改為「內」。

宋勉南：頁38下圖說明，「黃弼臣教授教授」，改為「黃弼臣教
授」。

李滌生：頁40第3段第6行，「參」，改為「參」。頁41第4段第3行，
「專」，改為「專」。

李慶麐：頁42第2段末行，「黃」，改為「黃」。頁43第1段第1行，
「專」，改為「專」。頁43第4段第3行，「內」，改為
「內」。

李　藩：頁48，據本校《民國68年教職員通訊錄》頁134，生卒年修訂
為1918-1982。

周邦道：頁52，第1段末2行，「毀」，改為「毀」。

周效濂：頁50，生年改為民國13年（1924）。

林朝舜：頁61第2段第7、8行，兩處「內」，改為「內」。

金惠民：頁65第2段第2行，「產」，改為「產」。

胡啟和：頁69第1段第2行，「內」，改為「內」。同段第3行，「奧」，改為「奧」。

盛澄淵：頁74第2段第4行，「毀」，改為「毀」。頁74第3段第3行，「內」，改為「內」。頁75第3段第7行，「麼」，改為「麼」。頁76第3段第1行，「毀」，改為「毀」。頁77第2段第2行，「麼」，改為「麼」。頁79第1段末3行，「麼」，改為「麼」。頁80第4段第8行，「麼」，改為「麼」。頁81第1段第1行，「臺大生」，改為「臺大醫生」。頁82第2段末2行，「麼」，改為「麼」。頁83第3段第5行，「麼」，改為「麼」。

許祖成：頁86第1段第4行，「黃」，改為「黃」。頁86第1段第11行，「內」，改為「內」。頁87第1段第1行，「內」，改為「內」。頁88第1段第2行，「內」，改為「內」。頁90第2段5行，「內」，改為「內」。頁92第3段7行，「內」，改為「內」。頁93第1段第4行，「內」，改為「內」。

陳國榮：頁96第1段第3行，「內」，改為「內」。頁96第2段第1行，「內」，改為「內」。頁97第1段第1行、頁98第3段第3行，「溫」，改為「溫」。頁97第2段第4行，「產」，改為「產」。

陳清義：頁102，1984-88「台中夜部主任」，改為「台中夜間部主任」。1995-96「中與」，改為「中興」。

黃乃隆：頁110，「時為」，改為「實為」。

劉業經：頁115第2段第4、7行，「內」，改為「內」。頁116第4段第2行，「黃」，改為「黃」。

劉道元：頁119第2段第13行，「內」，改為「內」。頁121第3段第3
　　　　行，「內」，改為「內」。頁123第1段第3行、第4段第1行兩
　　　　處，「內」，改為「內」。頁124第1段第5行、第3段第3行、
　　　　第4段第3、4行，「內」，改為「內」。

鄭文輝：頁126第2段第1、3、5行，「內」，改為「內」。

謝和壽：頁130第2段第4行，「產」，改為「產」。頁131第1段第4行，
　　　　「鮮」，改為「鮮」。頁131第6、8行，「產」，改為
　　　　「產」。頁132第1段第2、10、14行、第2段第4行兩處，
　　　　「產」，改為「產」。頁133第1段第10行，「內」，改為
　　　　「內」。

韓又新：頁136第1段第2行兩處，「產」，改為「產」。

羅清澤：頁139第1段第3行，「內」，改為「內」。頁139第1段第4行，
　　　　「專」，改為「專」。

羅雲平：頁140第2段第1行，「內」，改為「內」。

彙編（二）

李春序：頁28第4段第4行，「深獲獲」，改為「深獲」。頁29註3第2、
3、7行，「內」，改為「内」。頁44倒數第4行，「时」，改
為「時」。

李崇道：頁59第1段第3行、第2段第2行、第3段第6行，「內」，改為
「内」。頁60第1段第6行，「內」，改為「内」。頁60第2段
第9行，「勞動生力」，改為「勞動生產力」。頁61第2段第
1、6行，「內」，改為「内」。頁62第1段第2、4行及最後一
行，「內」，改為「内」。頁66第2段第3行，「最認為認
真」，改為「最為認真」。頁67第2段第1行，「麼」，改為
「麼」。頁68第5段第5行，「內」，改為「内」。頁69第3段
第1、2、4行，「內」，改為「内」。頁70第1段第4行，
「內」，改為「内」。頁71第2段第1行，「温」，改為
「溫」。頁71第4段第2行，「內」，改為「内」。

貢穀紳：頁86第3段第4行，「內」，改為「内」。頁93第1段最後一
行，「讚」，改為「讚」。頁95第1段第2行，「温」，改為
「溫」。頁96第2段第1行、末段第2行，「內」，改為
「内」。頁97第1段第3行，「內」，改為「内」。頁97第2段
第1行，「內」改為「内」、「産」改為「產」。頁98第2段
第2行，「內」，改為「内」。頁99第3段第4行，「內」，改
為「内」。

張研田：頁104第1段第2、4、7、10行，「內」，改為「内」。

湯惠蓀：頁122附註2第1行，「黄」，改為「黃」。頁114第2段第1行，
「內」，改為「内」。

賀主伯：頁136第1行，「內」，改為「内」。

黃天久：頁137第1段第1、2、6行，「黄」，改為「黃」。頁137第1段第3行，「彥」，改為「彦」。頁137第2段第3行，「内」，改為「內」。頁138第2段第1行，「彥」，改為「彦」。頁138第2段第3行，「内」，改為「內」。頁138第4段第2、3行及末段第4行，「黄」，改為「黃」。頁139第1段第4行、第2段第1行，「黄」，改為「黃」。頁139第1段第4行，「内」，改為「內」。

楊垣進：頁147，照片說明文字第2行，「提」，改為「提供」。

劉理遠：頁158第8行兩處，「麼」，改為「麼」。頁158第6、9行，「内」，改為「內」。

魯實先：頁163第3段第6行，「逐」，改為「遂」。

國家圖書館出版品預行編目(CIP)資料

興大人物史料彙編.（三）＝ Historical figures of NCHU : a compilation of biographical data/蔡宗憲編注. -- 初版.
-- 臺中市 : 國立中興大學校史館,國立中興大學出版中心, 2023.12
面； 公分. --(興大校史系列叢書)
ISBN 978-626-97864-1-1(平裝)

1.CST: 國立中興大學 2.CST: 人物志 3.CST: 史料

525.833/115   112021130

興大校史系列叢書

興大人物史料彙編（三）

編　　注／蔡宗憲

執行編輯／陳瑛倫、黃春惠

校　　對／蔡宗憲、陳瑛倫、黃春惠

封面設計／廖苡雯

美編排版／種子多媒體廣告有限公司

發 行 人／詹富智

總 編 輯／宋慧筠

出 版 者／國立中興大學校史館

　　　　　國立中興大學出版中心

地　　址：402台中市南區興大路145號

電　　話：04-2284-0291

傳　　真：04-2287-3454

出版日期／2023年12月初版一刷

定　　價／新臺幣500元

法律顧問／吳光陸律師

ISBN／978-626-97864-1-1（平裝）

GPN／1011201865